# 迎

*Welcome*

U0084346

# 財神

石二月◎著

原 **發現財神**

賺大錢

易書
晴文坊

發現財神

「只要一點點信仰，就能製造奇蹟。」丹布朗／達文西密碼

風，吹哪頁，讀哪頁。心，在哪頁，神在哪頁！

石二月

國立中央圖書館出版品預行編目資料

迎財神---發現財神／石二月作－初版－台北市：晴
易文坊，2007[民 96]面；15 × 21 公分.(求財真輕
鬆；5)
ISBN 978-986-82814-3-1 (平裝)
1.民間信仰-中國
272.29                              96002305

【迎財神---發現財神】
作者          石二月
總編輯        楊承業
企畫          Kei Yang
美術主編      葉鴻鈞
發行所        晴易文坊媒體行銷有限公司
發行人        石育鐘
地址          台北市吉林路 286 號 7 樓
電話          02-2523-3728
傳真          02-2531-3970
網址          http://www.sunbook.com.tw
電子郵件      editor@sunbook.com.tw
郵撥帳號      19587854
戶名          晴易文坊媒體行銷有限公司

總經銷        紅螞蟻圖書
電話          02-2795-3656
傳真          02-2795-4100

製版印刷      永光彩色印刷股份有限公司
出版日期      2007 年 02 月 10 日
定價          300 元

# 目 錄

發現財神

# 發現財神

人，需要夢想，如果沒有夢想，就不需要發現財神。

人，需要奇蹟，想預約奇蹟，何妨正當、正道地放肆你的信仰。

雙手，動動；雙腳，動動；好運，動動；
拜拜好財神，發現好財神，真的好神！

這是我的一點點信仰，一點點的奇蹟生活：有拜有保佑。

# 上卷 財神傳

　　「財神」，很難定義，不過，華人所謂的「財神」有一個相當重要的特徵，就是財神不是單指一尊神，而是一群神，而且是一群來源極不相同的「神」集合而成的群體，凡是有關直接掌管財、祿、利、寶的都可以稱為「財神」；因此，硬要將財神分類實在很難。

　　為方便敘述整理，我們仍依民間信仰大致將其分成『正財神』：如「文財神」、「武財神」；及『速財神』：如劉海、五路神；『準財神』：如灶君（灶王爺）等。以比較有系統的方式介紹，也讓讀者知道財神的故事、財神的職司，並進一步了解求什麼財該拜什麼財神，又該如何拜的道理，讓每位信神的讀者能清楚明白找對神、找對廟、找對法門！

# 正財神之文財神

比干‧陶朱公‧文昌帝君‧土地公‧
觀音菩薩‧彌勒菩薩‧濟公

「文財神」是以古代文官演變來的財神。在民間道教信仰中絕大多數是以信奉比干為主，但也有少部分人以范蠡（陶朱公）為文財神，另外，由於傳統對文人科舉的重視，民間也將掌功名利祿的文昌帝君視為文財神。而一般信仰最普遍的就是土地公了！

至於佛道並祀高神格的觀世音菩薩也因有「觀音借庫」、「觀音騎犴」而被部分地區奉為至高無上的財神，此外，有「布袋和尚」、「黃金寶袋」等民俗祭儀與傳說的彌勒佛，則被某些教派喻為南無當來下生財神菩薩，即世紀滅絕之前最為神威顯赫的財神爺。

只是依照華人拜神的既有傳統，如果將神格位階極高的觀音大士、彌勒佛，甚至關聖帝君只侷限於文武財神的功能，相信很多人都不敢苟同，因此本書所述及的單單係指祂們也有祈財、招財、護財的神蹟，而非將之圍限於一隅降格之意，凡我財神信眾理當知之。

## 正財神之文財神 之一

# 比干
## 求官祿第一神

文財神比干聖誕：農曆七月廿二日或九月初一

### 比干略傳
### 無心不貪・掌天下財

　　文財神比干，眾所周知乃殷商末代丞相，商紂王之皇叔。

　　比干出生於西元前一〇九二年夏曆四月初四，卒於西元前一〇二九年冬十月廿六日，享年六十三歲。

　　民間有關比干之事蹟甚多，最有名的當是「比干挖心」：依據《封神榜》之記載係指紂王因貪戀女色，得罪歷朝歷代所崇拜的天神女媧娘娘，女媧娘娘令千年狐狸精、九頭雉雞精、玉石琵琶精附身美女入宮迷惑紂王直至亡國。比干曾因令姜子牙打死玉石琵琶精，並屢為忠臣求情而得罪狐狸精附身之妲己，其中，又因在鹿仙台斬妖，導致妲己更積

大陸山東比干墓（文財殿提供）

11

極計畫謀害比干。

　　某日妲己與紂王在鹿仙台散步時，假裝心疼並對紂王說醫心必需要有「玲瓏心」配藥才能奏效，而「玲瓏心」在京城朝歌只有比干丞相有此心，別人則無。紂王便下令比干丞相前來挖心，比干在「君要臣死，臣不死不忠」下自動摘心獻君，剖胸挖出一顆鮮紅的心呈給紂王為妲己治病，自己並用衣袍蓋住胸膛上馬趕回丞相府。途中遇一賣空心菜之婦女（此女為狐狸精妲己所變），比干問道：「菜無心能長，人若無心如何？」該婦答道：「人若無心即死！」比干聞後哎呀一聲跌落馬下一命嗚呼。

　　比干一縷忠魂直沖九霄，一說當日正值天庭選拔掌管天下財庫之神，玉帝認為比干丞相為國盡忠，反無辜被害，而心已挖出無法貪心，為最適當之人選，乃封其為掌管天下財庫之神職，賜旨封為「天官文財尊神」稱號；另一說是姜子牙助周伐紂成功，比干被追封為「文曲星君」。

　　值得一提的是，比干夫人知道比干摘心獻君是妲己所害，即刻逃出家門，她身懷六個月身孕一路出走到森林中，在二棵大樹下產下孩子。為固全血脈，把生下來的孩子改姓林。所以，後來林姓子孫遂將比干奉為「太始祖」，家中供奉比干者大有

大陸山東比干廟（文財殿提供）

人在。

　　而目前在中國大陸仍保留有殷太師廟及殷比干墓，可供遊客憑弔。在台灣祀奉比干的廟宇則以嘉義文財殿（原大興宮）為祖廟，文財殿最大的特色是該廟文財神龕下所供奉的金聖孔雀，相當罕見，據傳金孔雀只有十隻降世，文財神除了時常派這隻獨特的財神坐騎濟世救人外，也常有信眾在夢境中遇見這隻金孔雀才輾轉尋找到文財殿的案例；另在北台灣的文財神則以關渡宮財神洞的「文比財神」和金山財神廟的財神銀行最具知名度，其中財神銀行可安文財位、借財氣、借發財母錢，相當有宗教創意。

## 求官祿法門
# 拜斗寶傘・聚財不散

　　在科舉年代，只有考取功名才能出將入相，而財祿富貴都是從科舉中而來，故奉文曲星君的比干為「文財神」，以祈功名成就、財祿亨通。

　　沿襲迄今，我們所最熟悉的坊間「福星、祿星、壽星」三星拱照，其中位居中央的「祿星」即是

藏密的祈福寶傘

文財神比干（另一說是增福財神，或財帛星君），其今日的造型大多為眉揚目慈，唇紅齒白，兩耳垂珠，五柳長鬚，頭戴文官帽，身穿紫緞官袍，腰環金銀玉帶，手捧元寶財帛，腳著官靴，官祿味十足。

　　而民間信仰一般認為文財神較照顧文化事業或公務機關的信眾，當然這並無科學根據！況且我們認為，在正神的眼中是不分彼此，所謂「神明恩垂士農工商，祖德庇蔭福祿壽喜」即是這個道理！

台灣對拜比干並沒有什麼特殊的儀典，想升官的也多半是問師父、問命理師，或者千里迢迢前往新竹五指山拜石棺爺求官，倒是很少人知道其實虔誠拜拜文財神比干，將會有意想不到的靈驗。這種靈驗台灣不流行，反而在對岸可以找到諸多蛛絲馬跡。

　　在中國大陸有所謂「求官位」的罕見祭儀，「升官走後門，更要進廟門」，相傳藏傳佛教中藉「吉祥文經」、「聖八吉祥偈」，以「八吉祥寶」禮敬八大天女（菩薩），祈求吉祥圓滿，其中「八寶」之一的「殊勝寶傘」即是求官祿的祭儀法器。

　　「殊勝寶傘」象徵遮蔽魔障，在藏傳佛教中代表至上權威和保佑平安。其淵源來自古時帝王貴族出行時，以傘蔽陽，後演化為權威的儀仗器具。佛教取其「張弛自如，曲覆眾生」之意，以傘象徵遮蔽魔障、守護佛法，同時認為寶傘也象徵著佛陀教誨的權威。寶傘的樣子被比作佛的頭，保護眾生在輪迴中不受煩惱、痛苦和障礙，幫助眾生修持；而世間法則以寶傘象徵能掌握權威

參加拜斗升官發財是一定要的

道教拜斗的寶傘

力量，德高望重，求官位得官位，權力穩固且平安。所以，即出現以小寶傘祭神求官祿的現象。只是他們所祭拜的神，不限於比干，任何神佛均可以此「殊勝寶傘」求得官祿。

而這種以「小寶傘」祭神的風俗也在印尼的峇里島相當風行，當地稱為「峇烔」（Pajeng），雖然不是「求官」，但幾乎所有祭典都會在神佛旁插兩支「小寶傘」，甚至在祭天的竹竿尾端也會綁上「小寶傘」祈求平安，「峇烔」在峇里島街頭市集很好找，遊客如果想把「峇烔」當成求財求官祿的法器，記得下一次到峇里島時別忘了多買幾支。

峇里島祭神的寶傘稱為「峇烔」

如前所述這種類似的「小寶傘」在台灣應用的並不普遍，不過，如果您看過各道教大廟舉行「拜斗」法會，在斗裡除了剪刀、劍、米穀、鏡子、秤與錘之外，肯定能發現正統的法師都會在疏文（在此稱「斗籤」）上放一支寶傘，這支寶傘的作用其實就是藏傳佛教所稱的「殊勝寶傘」，功能也相當類似，只是很少人知道可以單獨用寶傘求官祿而已！

因此，信眾若有心求官，除了可到供有文財神的廟宇向管理委員會洽詢拜斗準備事宜之外，平日其實也可以備鮮花水果等祭品及「殊勝寶傘」向文財神擲筊，若獲三個聖筊，則持寶傘逆時鐘三圈過爐加持後，即可做為人神之間的信物，您就大可不必花

冤枉錢到處去求升官符了！

　　如果您還是找不到寶傘，最簡單的方式就是春節或開春參加各大廟的「祈安禮斗植福」法會，該項科儀花費不大，不僅是求官、求財，求事業照樣靈驗的很，我就在南崁五福宮發現了諸多拜斗的各地名人，很值得有興趣的朋友向各廟管理委員會洽詢。

# 文財比干・炒股高手

　　北台灣相當知名的金山財神廟除了提供「財神銀行」的服務，在文財神方面另外有「一張名片找財路」的特殊加持方式，信眾只要在文財神座前放置一張名片，即可免費獲得文財神眷顧，形式有點類似石碇姑娘廟的名片加持，或一般考生在文昌帝君座前，擺放准考證影本的祈願模式，這些並不讓我意外，我較感興趣的是：據說，該廟的文財神挺會炒股票的。

金山財神廟文財神

　　近幾年香火相當鼎盛的金山財神廟，平日即常有股票族的香客或投顧公司名嘴進進出出，不足為奇，但自從發生一件奇事之後，文財神炒股票的名聲即傳了開來。

　　據筆者實際了解，原來是某上市公司金主在股價大跌不堪損失時，實在想不出解套的方法，眼看著手中數萬張股票都快變壁紙了，竟然突發奇想向該廟的文財神發願，當場捐了一千張股票，並以另一個名字開戶，證明確實是捐給文財神的股票，這名大戶原本只求文財神能幫忙穩住跌勢，也沒想過要一飛沖天，離奇的是自從開戶之後，該檔股票就莫名其妙的止跌回升，除了在三個月內創下漲幅達七、八成的佳績之外，還同時晉升為同類股的股王長達數個月之久。

　　只用一季的時間，連拉十幾根漲停，沒辦法解釋，這名有數十年炒股經驗的鄭姓大戶只能直呼太不可思議了。

　　因為這起事件，金山財神廟的文財神會「炒」股票的傳聞遂不脛而走，而說也奇怪，二〇〇五年「三月半」財神聖誕，這名大戶經擲筊也變成了當年文財神值年爐主。

**不可不知的文財神廟**

| 名稱 | 地址 | 電話 |
|---|---|---|
| 1. 金山財神廟 | 台北縣萬里鄉磺潭村公館崙52-2號 | (02) 2498-1186 |
| 2. 嘉義文財殿 | 嘉義市林森東路470巷67號 | (05) 276-6028、278-4885 |
| 3. 關渡宮財神洞 | 台北市北投區知行路360號 | (02) 2858-1281 |
| 4. 台中財神廟 | 台中市西屯區惠來路3段174號 | (04) 2317-9741 |
| 5. 慈誠宮（士林媽祖廟） | 台北市大南路84號 | (02) 2881-1083 |
| 6. 石門金剛宮 | 台北縣石門鄉富基村崁仔腳41-3號 | (02) 2638-2076 |

關渡宮的財神洞

# 文財神招財袋DIY

1. 自備一個小福袋，或向廟方隨緣一個財寶袋，袋內置六十六元或八十八元硬幣，再以一張小紅紙書寫自己的姓名、生辰八字，摺好置入袋內，向廟裡的文財神虔心稟報賜財氣、除穢氣，並隨身保平安，乞筊獲得一聖筊後，即將福袋逆時鐘過爐三圈放在口袋中，一段時日後必有靈驗，而若經過一段時日未有財氣轉動，或財氣磁場有衰弱現象，則必需再抽空回廟祈請文財神加持。福袋內如果能再置入廟方所提供的招財符，則效果一定更好。

2. 上述自製福袋，內置之硬幣亦可以五帝錢、龍銀各數個（單數）代替，甚至五豆、五色石都可以，加持步驟相同，而若以五帝錢、龍銀做招財神器，除了有相同的祈財功能，則凡入喪宅或官司庭場，入門前略為撥動，並默唸祈請文財神天兵天將護身，也可以增強開運、除穢能量。

3. 向文財神祈請招財福袋，記得一定得先備金紙拜拜，並嚴守「右門進、左門出」，即「入龍門、出虎口」的規則，改運去晦方能有所成果。

不可不**拜**的比干廟

# 嘉義文財殿・孔雀金靈驗

　　要虔誠拜文財神，嘉義文財殿不能不拜！號稱台灣開基文財神祖廟的嘉義文財殿，創建於民國六十三年九月，原名「大興宮」，主祀殷商比干丞相，於民國七十五年遷建林森東路現址，並改稱「文財殿」，分靈極廣，在台灣的財神廟地位相當崇高。

　　文財殿除了供奉文財財尊之外，並陪祀有財神天爺、財神地爺、善財財神、福財財神等神尊，整座廟宇從金元寶龍堵到元寶主爐，都能讓信眾充分感受到財氣與神氣。

　　尤其，最為各界所津津樂道的是，文財神比干的座騎，並不是一般常見的黑虎，而是「金孔雀」。這隻「金孔雀」在華人世界的廟宇裡也是獨一無二的。

　　廟方說，立聖廟時，文財神降旨示下，全世界將會有十隻金孔雀下凡，截至二○○四年則已降世六隻，比干丞相降服一隻做為腳力，稱為

嘉義文財殿

嘉義文財殿的文財真神

文財殿裡的財神天爺

華人神祇相當罕見的金孔雀

「金聖孔雀爺公」，並銜文財神之命四處濟弱扶傾，廟方則塑金身就供奉在文財神神龕下，成為該廟最特殊的神祇。

因為特殊，所以珍貴！由於借發財母錢、開運轉運錢風氣相當盛行，最近廟方也在「金聖孔雀爺公」前設了一個砵碗，提供信眾以大錢換小錢的方式，求發財「錢水」。所謂錢換錢，即是以我們民間之新台幣，換取金聖孔雀爺公加持過之硬幣，所換得之錢水，可當生意之本，變本帶利，錢滾錢，亦可隨身帶在身上保錢財之流通順暢。這種方式在各種財神廟裡，比比皆是，唯一不同的是，文財殿的「發財母錢」是由文財神做主，金聖孔雀爺公所賜予的。

文財殿除了有錢換錢的儀式，每逢春節，廟方也都會提供財神爺加持過的紅包、壓歲錢給貧困學童與信眾，往往造成人山人海，如果你沒拿到財神爺的紅包，其實，平日有空到廟裡拜拜並結緣一座金元寶、金如意，也是不錯的選擇。

金元寶龍堵

正財神之文財神**之二**

# 范蠡
## 大散其財・大善其財

范蠡聖誕：農曆五月初一或六月廿四日

### 范蠡略傳
### 三次發財・三次散財

范蠡自稱「陶朱公」，是中國人經營智慧理財集大成的代表人物，現在也是富豪的代名詞。

范蠡，字少伯，春秋越國人，師事周太公望。為越大夫時，曾幫助越王勾踐打敗吳王稱霸，但功成名就後，卻逃亡北方齊國，從此隱姓埋名，這也讓越王論功行賞時獨缺一人。

范蠡臨走時，還特別給好友，另一個謀臣文種寫了一封信，說：「高鳥已散，良弓將藏；狡兔已盡，良犬就烹。夫越王為人，長頸鳥喙，鷹視狼步，可與共患難而不可共處樂，子若不去，將害於子。」可惜文種不信，至終乃成為越王的刀下鬼。

遠走紅塵的范蠡，傳說後來浮海逃至齊國，在齊地因經營農（民生物資、藥草）、商（珠寶玉石、陶器）而致富，不過，他三次發大財，卻也三次大散財，把億萬金銀珠寶全部分散給窮親友，真正是個以財富做為生存的手段，但不以財富做為生存的目的「富而行其德」的典範人物。

　　千金散盡之後，有一說是因范蠡最後定居在一個叫「陶邑」（山東定陶縣）的地方，並憑著過人的聰敏又累積了相當的財富，才自號「陶朱公」。另一說則是他改名換姓，想到自己是逃出來的，故改姓「陶」，而自己曾任公爵，常穿紅袍，故名「朱」，是為「陶朱公」。

　　目前，一般商人拜「陶朱公」，實在是因為感應他能依據市場變化、季節時令而精心細算供需，一方面也佩服他能在資訊有限的農業時代，大量低進高出「賤取如珠玉、貴出如糞土」的經營膽識！

　　當然，在公益與功利衝突的年代，范蠡的三散三發，對錢財可淡可薄、可捨可得的態度，更令我們深思一個道理：散財，其實就是善財的良性循環！

## 陶朱公
# 陶業祖師爺
# 魚經第一人

　　范蠡除了是文財神外，也被陶瓷業者奉為「造缸先師」的祖師爺。傳說他在陶邑時曾多次憑燒陶的經驗，掌握了一套制溫的辦法，終於燒出了完美陶器後，無私地把這一些技巧教給別人，大家都照著做結果也都成功了。爾後，人們乃尊奉他為陶器的祖

竹塹第二廟元亨宮

元亨宮王爺內殿

師，稱他為「陶朱公」。

此外，較少人知道的是「陶朱公」除了冶陶之外，同時更是養魚高手，其所著的「陶朱公養魚經」距今已二千二百年了，是世界第一本養魚著作呢！

雖然拜范蠡牌位的大有人在，但在台灣為范蠡塑金身為主祀的廟宇卻幾乎沒有，我們只在新竹三級古蹟的元亨宮（章府王爺廟）中殿裡發現一尊可貴的文財神金身。

而在大陸目前則有湖北省石首市，桃花山鎮的鹿角頭保留的范蠡墓、范蠡廟，以及其隱居飼馬的飲馬池；浙江湖山市蠡山則有范蠡祠，廟外觀似一葉扁舟，相當特殊，也成為蠡山八景之一，臨浦蕭山有西施庵、范蠡廟等古蹟群；另在山東有「嗩吶之

鄉」的薛城陶庄鎮陶山上，也留有范蠡廟，唯僅剩廟基供後人憑弔而已。

## 求財法門
# 飯碗吃硬幣·儲蓄招財氣

　　台灣雖然沒有范蠡廟，但在陶瓷之鄉的鶯歌鎮，則確實有部分陶瓷業者會祭拜「陶朱公」牌位，以祈求財源廣進。當然，他們大部分還是把范蠡當成一般的行業神，以祖師爺的祭儀規格待之，牲禮、花果、壽金、福金等不能缺的備品之外，頂多再多燒一份發財金紙而已！

　　不過，還是有業者天縱英明想出特殊的求財法門，他們是以精緻的陶碗或瓷碗，甚至是鍍金的金飯碗，內裝各式各樣的硬幣，有日元、美金、歐元、台幣等銅板，平時有多餘的銅板即往內丟，出門談生意時，就向陶朱公稟報，並隨手從碗裡抓幾枚硬幣塞在口袋裡，當發財母錢，同時，他們會一直不斷的補充碗內的硬幣，不讓硬幣低於半碗以下，有時甚至會故意保持滿盈的狀態，象徵福滿圓滿！等到真的裝不下時，就會清掉半碗存入銀行戶頭，所以，如果有熟的客人進門，他們也會常常要求客人掏出身上多餘的硬幣供養財神，以達到招八方財、生八方財的目的呢！

　　這種求財法有點類似到廟裡祈求「發財母錢」　陶瓷可轉化為聚寶神器

一樣，都希望藉著神明的財氣保祐生財的法門！姑且不論是否靈驗，但能藉此養成儲蓄的習慣，倒是值得推廣！

　　這種類似聚寶盆DIY的用法，其實頗為通俗，據了解，自稱最佩服陶朱公的武俠大師金庸在收藏頗豐的中國工藝裡，即有一只某藝品公司生產編號○○一的真金琉璃聚寶盆，他有沒有用寶盆來蒐集世界各國硬幣，我們不得而知，但其因陶朱公而收藏聚寶盆卻是不爭的事實。

金飯碗聚寶盆

**發現財神**

文財神之二 范蠡

不可不**拜**的陶朱公廟

# 新竹元亨宮‧遇見陶朱公

原本以為以「陶朱公」名氣之大,在台灣應該很好找到拜陶朱公的廟宇,但問遍所有親朋好友,也用網路不斷地搜尋,卻只有在新竹元亨宮中殿裡發現一尊陶朱公神像。這也是我目前唯一知道的陶朱公神像。

為了找這一尊「陶朱公」,我可以說是吃盡了苦頭。

曾有一次,專程到新竹市元亨宮欲拍照,原以為三級古蹟應該很好找,豈料在火車站附近繞了幾圈,遍尋不著中南街,好不容易問了幾個人才在中興百貨旁發現這家二百餘年的老小廟;只是,廟是找到了,但因過了傍晚,廟門已關,失之交臂只好悻悻然到城隍廟前啖米粉、貢丸了。

沒拜到「陶朱公」很不甘心,二〇〇五年八月再度親赴新竹,由於事前先前往觀音甘泉寺,禮敬觀音菩薩,深怕到了風城又錯過元亨宮的開放時間,於是下午三時許特別加足油門,想說早到早心安,所幸這次不用找路,真的很快就到

千辛萬苦才找到的陶朱公神尊

25

陶朱公前三個可愛小財神

　　新竹市區了，只是沒想到的是附近所有停車場，幾乎都客滿，在
林森路臨時停車場排隊等了二、三十分鐘，絲毫沒有進展，心裡
正急得不得了，原打算說服自己可能又是白跑一趟，打道回台北
之際，想想不如求神吧！要不然又不知要等到何年何月才又能到
新竹來，於是心裡默禱章府元帥、池府王爺後，毅然轉動方向
盤，往市區小巷鑽，外地人三繞四拐的，早已失去了方向，奇妙
的是就在元亨宮前巷弄竟有一處民營的停車場，也正巧有一個才
空下來的空位，剛剛好足以解決我所有的困境，這才急急忙忙拜
神去。

　　新竹元亨宮，廟不大，卻相當有份量。該廟有近三百年歷
史，號稱竹塹第二廟，主祀章府元帥，傳與暗街仔福德祠福德正
神同為竹塹開基守護尊神。

　　依據地方史料記載，清道光十四年（一八三四年）玉旨敕封代天巡狩總制總巡王池府千歲護國佑民真君聖駕，巡狩至此「打公館」，而後又有玉敕代天巡狩朱府千歲駐駕。後又奉池府王爺聖諭南下尋找其結義兄弟，進而與麻豆代天府互贈匾額，結為至親兄弟廟，該廟也俗稱「莿仔腳池府王爺廟」。

　　元亨宮不但有眾多王爺駐蹕，同時也在民國五十六年間（一九六七年），結緣虛空無極瑤池西王金母大天尊慈駕降臨，為新竹地區王母信仰之開端。

　　元亨宮池府王爺向來以治病行醫、照顧幼童聞名，座下契子女眾多，每年的農曆六月十八日王爺聖誕，廟方舉行的「過限」消災解厄科儀，以及「領受王爺神印」活動，熱鬧滾滾，是許多新竹人代代相傳、歷史悠久的宗教盛事。

　　至於，元亨宮中殿所供奉的陶朱公，由於年代久遠，廟方執事人員不知其淵源，對這尊經商之神，只知是「文財神」，所以當筆者告知可能是台灣公廟裡唯一一尊「陶朱公」時，執事者是既榮寵又驚訝！

　　而這尊教我尋尋覓覓數年的「陶朱公」，其實外觀和一般文財神並無不同，王冠、手持如意，斯文模樣的打扮，不失威嚴，座於中案頭之左側，座前則有「小文財神」、「小武財神」、「小天官賜福」等三尊小神偶陪伴。

　　經乞筊，神尊賜聖筊應允，筆者才拍照，讓這尊「陶朱公」終於入鏡！

備註：新竹元亨宮（池府王爺廟之中殿文財神）：新竹市中南街10號
　　　（03）526-0141

正財神之文財神 之二

# 文昌帝君
## 最專業的考神

文昌帝君聖誕：農曆二月三日

### 文昌略傳
## 梓潼張亞子・試場佑學子

　　文昌帝君又名「梓潼帝君」，為掌功名利祿之神。是台灣地區最聞名的「考神」。據《明史禮志》記載：「梓潼帝君姓張名亞子，居蜀七曲山，仕晉戰歿，人為立廟祀之。」唐宋時期封為英顯王，因道家謂梓潼帝君掌文昌府事，及人間功名利祿，於元朝加封為帝君，而天下學校亦有祠祀者。

　　「文昌」原是天上六星之總稱，即一般俗稱的「文昌宮」。一說在北斗魁前，一說在北斗之左。六星各有星名，分別為上將、次將、貴相、司命、司中、司祿等。元朝仁宗延祐三年(一三一六年)封梓潼神為「輔元開化文昌司祿宏仁帝君」，使梓潼神張亞子與文昌神合為一神。

　　張亞子即蜀人張育，東晉寧康二年(三七四年)自稱蜀王，起義抗擊前秦苻堅時戰死。後人為紀念張育，即於梓潼郡七曲山建祠，尊奉其為雷澤龍王。後張育祠與同山之梓潼神亞子祠合稱，張育即傳稱張亞子。據聞唐玄宗入蜀時，途經七曲山，有感於張

亞子英烈，遂追封其為左丞相，並重加祭祀。唐僖宗避亂入蜀時，經七曲山又親祀梓潼神，封張亞子為濟順王，並親解佩劍獻神。宋朝帝王多有敕封，如宋真宗封亞子為英顯武烈王，宋光宗時封為忠文仁武孝德聖烈王，宋理宗時封為神文聖武孝德忠仁王。元仁宗延祐三年(一三一六年)敕封張亞子為輔元開化文昌司祿宏仁帝君。於是梓潼神張亞子遂被稱為文昌帝君。

文昌帝君除有抗擊戰死、忠主救民之功績外，《梓潼帝君化書》則稱，張亞子「生及冠，母病疽重，乃為吮之，並於中夜自割股肉烹而供，母病遂愈。後值瘟疫流行，夢神授以《大洞仙經》並法籙，謂可治邪祛瘟，行之果驗」。因此，文昌帝君也是慈祥孝親的楷模。

而宋元時期的《文昌帝君陰騭文》則列舉古代士人行善得福的事例，說明善有善報、惡有惡報，「近報則在自己，遠報則在兒孫」的因果報應，稱文昌帝君曾七十三次化生人間，世為士大夫，為官清廉，「濟人之難，救人之急，憫人之孤，容人之過。因此，天帝命文昌帝君掌天曹桂籍文昌之事。凡世間之鄉舉制科、祿秩、封贈奏予，乃至二府進退等等，都歸文昌帝君管理。

文昌帝君斯文的統一造型

元明以後，隨著科舉制度的規模化和制度化，對於文昌帝君的奉祀也逐漸普遍。各地都建有文昌宮、文昌閣或文昌祠，其中以四川梓潼縣七曲山的文昌宮規模最大。一些鄉間書院和私塾也都供奉文昌神像或神位，其間雖時有興廢，但因文章司命，貴賤所系，所以一直奉祀不衰。每年二月初三

台南孔廟裡的文昌閣

文昌閣外的斑駁石碑

日為文昌帝君神誕之日，官府和當地文人學士都要到供奉文昌帝
君的廟宇奉祀，或吟詩作文，舉行文昌會。

## 台灣文昌廟‧要考先拜廟

　　台灣沿襲「一命二運三風水四讀書」及「書中自有黃金屋」
的觀念，幾乎各地都有文昌廟，或以文昌帝君陪祀的廟宇，其中較
知名的則有台北文昌宮、新莊文昌祠、板橋大觀書社、基隆慈雲
寺、台中文昌廟、東勢文昌廟、赤崁樓文昌閣、宜蘭文昌廟、苗栗
文昌廟、大肚磺溪書院、西螺振文書院、澎湖文石書院...等。

　　而與文昌帝君共享香火，一般尚有所謂的「五文昌」，有的
配祀朱熹、周敦頤、張載、程顥、程
頤，有的則配祀文衡帝君（關雲
長）、孚佑帝君（呂洞賓）、朱衣帝君
（朱元晦）、綠衣帝君（魁斗天神）而
稱「五文昌」，苗栗市區就因為有
「文昌祠」、「五文昌廟」，常常讓外
地人霧煞煞。

　　除了「五文昌」，台灣較特殊的
是善化慶安宮則另將開台先師沈光文
塑像合祀，而成為獨一無二的「六文
昌」廟；台南祀典武廟則有五文昌神
位，同樣在南台灣都頗為知名。而
「全台首學」的台南府城孔廟內則有
一座「文昌閣」，同樣奉祀文昌帝
君，不過由於古蹟斑駁，平日並未開
放，拜不到神，學子總有點不甘心、

彌勒佛前的文昌帝君

不放心，於是每逢考季仍有眾多「有志之士」到閣前將准考證影本摺紙飛機，直接「飛入」考神面前，祈禱文昌帝君能多多眷顧，也成為南台灣拜考神最有趣的畫面。

文昌帝君廟除了帝君之外，還有其他陪祀的神祇也相當重要，例如新莊文昌祠其二名侍從，左執書者為天聾，右執塵者為地啞，旨在曉諭世人凡事謙沖為懷，切莫鋒芒畢露。另台北文昌

## 拜文昌帝君的迎富法門

文昌帝君發展至今已成為考試的專業神，所以，最專業的求神法，則是備「光明禮斗」祭拜。由於拜文昌有其歷史淵源，甚至有的學校是由老師帶隊，集體備十樣祭品，象徵十全十美，前往祭拜的，這種大考小考都要拜文昌的儀式，其實早已風靡全台。

日期：文昌聖誕、考前約一個月或拿到准考證

備品：

1. 上衣一件、內衣二件（考試當天所穿）。
2. 粽子1或3個（包中）
3. 白蘿蔔1個（好彩頭，繫紅線）
4. 蔥3枝（聰明，繫紅線）
5. 蒜3枝（會算術）
6. 芹菜1把（勤勞）
7. 桂花葉12片（貴氣）
8. 桔葉12片（吉利）
9. 竹筍1支（順利）
10. 油1瓶（加油）
11. 礦泉水1瓶（文思泉湧）
12. 包子1或3個（包上）
13. 水果1或3樣（鳳梨為佳）
14. 准考證影本1張

（左）拜文昌記得留下准考證影本

（右）拜文昌，蔥、菜頭是必備供品

宮、苗栗文昌廟的陪侍神則有送祿神、書童、印童,坐騎則都稱為「祿馬」神。而一般文昌廟也都供奉有魁星,魁星爺面貌嵯凹凸,懸一足,立一足,踩在鰲魚上,像徵「獨占鰲頭」或「魁甲登科」的意涵,與文昌帝君正巧一美一醜,一文一武,成為民間讀書人的保護神。

程序:

1. 用紅紙或紅線將蔥、白蘿蔔、蒜、竹筍等供品綁在一起後,與衣服置於文昌廟香案上。
2. 點香報姓名、住址、就讀學校、考試名稱、考場學校(地址)、考試日期、准考證號碼。
3. 放上准考證影本。
4. 香過半,將供品攜回,食物可食用,桂花葉、桔葉考前泡澡;衣裳攜回後先置家中供桌(無供桌置客廳吉方即可),以備考試當天穿著。

四結福德廟的學子拜文昌(福德廟提供)

祭魁星

# 不必殺狗·不可嫌醜

　　魁星爺的聖誕是農曆七月初七（七夕），台灣早期仍有文人舉辦「魁星會」，並以狗頭祭祀，然今不復存。（陳尉的《台灣竹枝詞》裡有「家家殺狗祭魁星」的說法。）連橫《台灣通史·風俗志》則有「士子供祀魁星，祭以羊角加上紅蟳，謂之解元。」證明到了民初已改成羊頭祭魁。

　　當然，流傳到現在早已不殺狗、殺羊祭魁星了，大都到各文昌祠（廟）拈香祭拜即可。

　　而在台灣各地文昌廟中必定會有魁星爺，和文昌帝君的斯文典雅模樣相比，魁星確實醜多了，但醜魁星醜歸醜，卻有「踢斗」、「筆錄」的神奇功能，和城隍爺身旁的「白無常」一樣，都是大受歡迎的「醜神」。

　　所以，年青學子若要晉階考試，在每年七夕情人節時，別只拜月下老人了，應該抽空到文昌廟拜拜魁星爺，保證讓您這天不但情場得意，考場也必定大為愜意。

## 考試隨身福袋DIY

　　要文昌帝君保佑考試金榜題名，除了到廟參拜之外，其實也可以自製福袋開運、開智慧，增強考運。

1. 備一福袋，或銀樓的紅袋，內置摺成小方形的准考證影本，另備一紅紙，正面書姓名、住址、生辰，背面書「金榜題名」。
2. 找一顆磁場較強的玉石，例如天珠、水晶、玉珮或戒指等開運飾品，置入袋中（千萬不能是電子產品）。
3. 前往文昌廟拜拜後，向文昌帝君稟報緣由，並祈請賜福袋隨身，乞筊，獲得聖筊後過爐加持，置於口袋裡，直至考完，並回廟還願謝恩。

另外，在台灣知名的魁星中，以台南赤崁樓文昌閣最受歡迎，雖然這裡的文昌閣是不允許燒香的，但仍有諸多考生前仆後繼去求魁星爺，也許是太過靈驗，或是神奇故事以訛傳訛，致使魁星爺手上硃筆屢屢被偷，廟方不堪其擾遂換上一隻特大號的毛筆牢牢黏在手上，遂成為全台造型最特殊的魁星爺。

備註：嘉義市朱子公廟雖不是奉祀文昌帝君，但仍可向主祀的朱子（朱熹）求「文昌智慧筆」。朱子公廟：嘉義市北港路898號，電話：（05）237-2222。

這就是有名的魁星踢斗

## 不可不知的文昌廟

| 名稱 | 地址 | 電話 |
| --- | --- | --- |
| 1. 台北文昌宮 | 台北市民生西路45巷9弄2-1號 | （02）2521-0366 |
| 2. 新莊文昌祠 | 台北縣新莊市文德里碧江街20號 | （02）2998-7556 |
| 3. 台中文昌廟 | 台中市北屯區昌平路2段41號 | （04）2422-5845 |
| 4. 東勢文昌廟 | 台中縣東勢鎮東崎街文昌新村5號 | （04）2588-9018 |
| 5. 磺溪書院 | 台中縣大肚鄉磺溪村文昌路60號 | |
| 6. 大甲文昌祠 | 台中縣大甲鎮孔門里文武路116號 | |
| 7. 苗栗五文昌廟 | 苗栗市嘉盛里155號 | （037）262-395 |
| 8. 苗栗文昌祠 | 苗栗市綠苗里中正路七五六號 | （037）333-993 |
| 9. 宜蘭文昌廟 | 宜蘭市文昌路66號 | （039）352-166 |
| 10. 新竹文昌祠 | 新竹縣新埔鎮成功街202巷7號 | |
| 11. 芎林文林閣 | 新竹縣芎林鄉文林村文山街238號 | （03）592-4871 |
| 12. 關西文昌祠 | 新竹縣關西鎮中山路145號 | （03）587-1504 |
| 13. 赤崁樓文昌閣 | 台南市中區赤崁里民族路二段212號 | （06）223-5665 |

不可不**拜**的文昌廟

# 新莊文昌祠・考生守護神

　　華人社會有各式各樣的考試，不管是入學基本學測、大學聯考、四技二專學測，甚至研究所各種推甄考試、高普考、證照考試等「考神」文昌帝君和魁星爺了！

　　因科舉制度的關係，文昌帝君在歷朝歷代的崇文地位僅次於孔子，而台灣各地的文昌廟中，以創建於清嘉慶十八年（一八一三年），有二百年歷史的新莊文昌祠最值得推薦，為教化北台灣最早的文昌祠，列為三級古蹟，地位亦因此崇隆無比。

有兩百年歷史的新莊
文昌祠

新莊文昌祠除了有文人扮相的帝君外，和一般文昌廟一樣陪祀魁星爺，造型為懸足踩鰲，象徵「獨占鰲頭」或「魁甲登科」的意涵，其與文昌帝君正巧一美一醜，一文一武，一向被視為文才、文財的保護神。

此外，文昌帝君另有一隻祿馬、二名侍從，一般廟稱為「天聾、地啞」，旨在曉諭世人凡事謙沖切莫露鋒芒，而新莊文昌祠則建有「祿馬室」供奉祿馬神、書童、印童，這也是全台唯一採四川祖廟「白特殿」造型製作的聖像。

三級古蹟新莊文昌祠入口

這座相當有學問的祿馬室，文昌帝君坐騎之「祿馬」（四不像），為馬頭、騾身、牛蹄、驢尾、犀角之雪白神獸，其製作方式乃採陰陽五行融入臟腑經絡，以反映天人合一之規律，該廟總幹事陳清潔說，該「白特」高七尺二寸是以不鏽鋼做腳骨、脊椎、大支架，以白鐵線做肋骨，以綱網形成胸腹腔，再於網外覆予石膏；最神奇的是於腹腔內，係以五色之豆

（青、赤、黃、白、黑）作成五臟五腑之形填充所成，完全兼具了內外五臟五腑、五體五官，是台灣唯一有五臟五腑的聖像。

　　至於如何拜文昌帝君？文昌帝君發展至今已成為考試的專業神，所以，點盞功名燈是一定要的，或於考前拿到准考證後備「光明禮斗」參加法會祭拜，也是不錯的選擇。拜文昌的備品各廟說法不一：有的要準備考試當天所穿的上衣、內衣、粽子（包中）、桂花葉（貴氣）、桔葉（吉利）、食用油（加油）、礦泉水（文思泉湧）等象徵意義的備品，有的則較簡單，但無論那座廟，蔥（聰明）、芹（勤）、白蘿蔔（好彩頭）和准考證影本是絕對不可少，祭拜方式可參考本章前述。

罕見的文昌騎祿馬聖像

新莊文昌祠特有的勤讀符

正財神之文財神 之四

# 土地公
## 有拜有保佑

土地公聖誕：農曆二月二日（尾牙：十二月十六日）

　　土地公可以說是民間最普遍的財神了！土地公原為社神，執掌土地行政、農作豐收。古稱「后土」、「社公」，民間延續古老的自然崇拜乃尊稱為「福德正神」，閩南人俗稱「土地公」、「土地爺」，客家人則稱「伯公」。

九份福山宮廟中廟

在台灣數萬間廟宇裡，又以土地公廟的數量最多，小到田間小路旁的磚頭小廟，大的大到佔地十餘公頃都有，可見土地公受世人敬重之廣泛了。

民間祭拜土地公的方式相當多，並不單單限於土地公誕辰而已，從每個月的初一、十五，商家每個月初二、十六獻果祭拜外，每年的八月十五日（中秋節）則要在農地上安插「土地公枴」，枴杖頭夾金紙、黏麻薯供奉感謝土地爺爺的庇佑。此外，做「頭牙」、「尾牙」也是一定要的。所謂「頭牙」，就是土地公誕辰（農曆二月二日），這一天也是「二月二龍抬頭」的大日，是所有土地公廟舉辦各項慶典活動的熱鬧吉日，即使非主祀土地公的廟宇，也因為各廟一定會陪祀土地公，在土地公的供桌前，必定花果供品豐盛；而農曆十二月十六日的「尾牙」演變迄今，

公館伯公廟雙棵老樹共生

九份福山宮的龍龜許願池

則反而成為各公司行號年終聚餐犒賞員工的活動場面了。

# 台灣土地公‧傳奇特別多

　　在台灣數以萬計的土地公廟，擁有全國性知名度的不在少數，其中，以台北縣中和市的南山福德宮（烘爐地土地公，廟中廟）、台北縣瑞芳鎮九份福山宮（背海面山，王爺級建築，廟中廟）、屏東縣車城鄉福安宮（廟宇面積最大的土地公）、宜蘭縣五結鄉四結福德廟（最大土地公金身）、南投縣竹山鎮紫南宮（最大土地公銀行）、關仔嶺福安宮（化石三品鎮宮）等最具知名度。

　　華人拜土地公已傳承數千年了，剛開始只是祈求風調雨順，並感恩伯公對土地的照顧，而衍義至今，目前在台灣拜土地公則大多是求財運、求事業亨通，所以，近年來很多土地公廟興起所謂擲筊「借發財母錢」的儀式，例如竹山紫南宮只要一個聖筊即可借到新台幣六百元，該廟每年可以借出上億元，每逢假日香客蜂擁而至，信眾不辭辛苦擠在三坪大的拜殿裡祈筊，也使紫南宮被喻「台灣最大的小廟」；而白河關仔嶺的福安宮則以「換錢」為主，香客在拜殿內的開基小廟以百元以上的紙鈔，即可向開基土地公換得小紅包帶回家做為隨身的平安符或發財母

到烘爐地土地公記得用金紙搓塑像元寶

41

錢，小紅包雖然裡頭只有二個一元硬幣，但換錢的意義在是否經過開基土地公的加持，而不是母錢金額的多寡，數十年來也沒聽過信眾報怨土地公是「小氣財神」，反而使福安宮因「換錢」而香火鼎盛！

　　而台灣的土地公廟原則上多有解籤的服務，但基本上並沒有乩童祭解，不過我們卻在台南地區的仁德鄉太子村發現一間主祀號稱「土地公祖」的小廟—福南宮，吸引相當多的信眾扶鸞問卜，在土地公傳統認知中也算獨樹一幟！

此外，基隆八斗子福清宮的土地公會辦刑案，暖暖的福興、福德宮是全台唯一的雙胞胎土地公，而大溪屢豐宮是全台唯一的水上土地公廟，必需搭竹筏才拜得到，台北景福宮的土地公坐擁黃金地段大廟，被喻為最有錢的土地公，四結福德廟則正鑄一尊金土地公，內湖福德宮每逢元宵的夜弄土地公遶境活動，陣仗不輸炮炸寒單爺，外埔土地公廟供奉陽具石，祈求生子頗

台北景福宮的正殿神像

台灣唯一的大溪水上土地公廟

靈驗，台中鎮平福德祠的石雕土地公神像，則是被認為最古錐的神明，苗栗縣公館的伯公廟，廟雖小，但五百年歷史的樟樹、茄苳樹共生奇景，往往讓人眼睛一亮……；這些傳奇故事傳了一代又一代，也必定還會繼續傳下去。

備註：有關各地土地公詳細資料，請參閱拙作—晴易文坊出版之《台灣
　　　101家財神廟》。

## 拜土地公的迎富法門

**日期**：農曆每月初一、十五日或初二、十六日

**備品**：土地公金、發財金、

**祭品**：牲禮、乾果、花果、汽水

**備註**：如果是遠赴各大土地公廟祭拜，別忘了一定要再回到自宅附近的土地公廟祭拜一次（台灣一、二個村里即有一座管轄的土地公廟，洽詢村里長便能得知），千萬不可有捨近求遠的心態，否則若讓轄區的土地公吃味，恐有扣押財寶之虞。

　　而拜土地公近幾年則產生許多有趣的現象，一是在汽水業者「有氣才會旺」的強力行銷下，拜汽水成了新風潮，二是交通大學北大門對面的土地公，不但管財運也管考試，但就是愛喝仙草蜜，也是一絕！

　　另外，要提醒讀者的是，土地公是財神，而土地公對個個家庭是派有部屬的，即我們通稱的「地基主」，平日初一、十五拜土地公即可，但三大節（端午、中元、冬至）即在拜完土地公之後，必需再回家祭拜小號財神「地基主」。

交大土地公愛喝仙草蜜

値得一提的是，台灣許多土地公廟其實都甚具建築之美，只要信眾有心，在拜神之餘好好觀察，都不難發現許多驚奇與驚喜，例如九份的福山宮廟中廟，日據時代的石造天公爐與新舊交雜的壁堵，映在山城的櫻花林裡，實在令人有驚艷之感；而苗栗公館的伯公廟兩株超過五百年的茄苳、樟樹的環抱共生奇景，在

## 發財母錢DIY

目前台灣有很多土地公廟都有提供發財母錢的借求祭儀，通常遵循廟方執事人員的引導，就可借到「母錢」，如果沒有則可以比照文財神的方式，自製一個招財福袋隨身。

提醒信眾注意的是，各廟的借金、還金方式不一，所謂「有借有還，再借不難」，如果你有借金，就一定要在一定期限還錢；至於，自製的招財福袋只要不定時回廟過爐，或隨喜添個油香錢即可。

另外，除了隨身的財氣福袋之外，住家附近的土地公廟也可以好好向神明請示後自製鎮宅母錢：

1. 自備一個紅包袋，置一張小紙紙書姓名、住址生辰八字，背面書「福財」兩字，準備一些一元、五元、十元、五十元硬幣數個（單數為宜），選擇良辰吉日備三果、金紙，或小三牲，虔誠祈求土地公賜財鎮宅，獲聖筊允准後，香過半，將紅包袋過主爐三圈後，金紙化火，攜回藏置家中重要的抽屜（最好和存摺一起），也可以取幾個硬幣粘在收銀機、家用電話機底下，其餘仍置入抽屜或櫃子中。

2. 藏置鎮宅發財母錢，必需心神集中，再次默禱請土地公跟隨抵達，並賜旺盛財運，祂才會賜予大自然的無形財氣協助你鎮宅。

除了鎮宅母錢，另外還有一種「新鈔祈財法」，適合在春節或土地公聖誕拜拜時加以利用：

1. 備一紅紙袋，內置入百元、五百元、一千元新鈔各一張，另備一張紅紙正面書姓名、住址、生辰，背面書「財源滾滾」大字。

2. 選定農曆春節、初五接財神，或土地公聖誕，向土地公祈願獲聖筊後，攜回。

3. 可將鎮宅新鈔福袋置於神案香爐下，平日上香時，並祈請眾家神保佑事業順利，財運亨通一整年。

在令人有「神奇」之嘆！值得信眾有空前去走走，沾沾神氣，也體驗一下求財的驚喜之旅。

竹山紫南宮

## 不可不知的土地公廟

| 名稱 | 地址 | 電話 |
|---|---|---|
| 1. 台北景福宮 | 台北市德惠街11號 | (02) 2596-9325 |
| 2. 內湖福德祠 | 台北市內湖路2段450號 | (02) 2792-8299 |
| 3. 九份福山宮 | 台北縣瑞芳鎮永慶里崙頂路2號 | (02) 2496-0303 |
| 4. 南山福德宮 | 台北縣中和市興南路2段399巷162-1號 | (02) 2942-5277 |
| 5. 基隆福興、福德宮 | 基隆市暖暖區水源路36巷37-1號 | (02) 2457-3373 |
| 6. 基隆福清宮 | 基隆市中正區八斗街1號 | (02) 2469-1212 |
| 7. 大溪水上土地公廟 | 桃園縣大溪鎮頭寮13號 | (03) 388-3674 |
| 8. 龜山大湖福德宮 | 桃園縣龜山鄉大崗村大湖88號 | (03) 328-1403 |
| 9. 交大土地公廟 | 新竹市大學路交通大學北大門對面 | |
| 10. 公館伯公廟 | 苗栗縣公館鄉鶴岡村151號 | |
| 11. 鎮平福德祠 | 台中市南屯區鎮和巷12-1號 | |
| 12. 外埔土地公廟 | 台中縣外埔鄉鐵山村長生路79號旁 | |
| 13. 鹿港福德祠 | 彰化縣鹿港鎮三條巷1號 | (04) 775-4848 |
| 14. 竹山紫南宮 | 南投縣竹山鎮社寮里大公街40號 | (049) 262-3722 |
| 15. 關仔嶺福安宮 | 台南縣白河鎮關嶺里南寮111號 | (06) 682-2547 |
| 16. 東門樓福德壇 | 高雄縣美濃鎮東門路（東門樓） | |
| 17. 車城福安宮 | 屏東縣車城鄉福安村福安路51號 | (08) 882-1345 |
| 18. 四結福德廟 | 宜蘭縣五結鄉上四村福德路68號 | (03) 965-7963 |
| 19. 花蓮福安廟 | 花蓮市廣東街127號 | (038) 340-626 |
| 20. 大坡福德宮 | 台東縣池上鄉慶豐村64-2號 | (089) 863-095 |
| 21. 成功福德宮 | 台東縣成功鎮三民路159號 | (089) 851-928 |

不可不**拜**的土地公廟

# 竹山紫南宮‧母錢最亨通

　　竹山紫南宮廟佔地小，名氣卻很大，每年借出的「發財金」保守估計都在新台幣一億元以上，而歷年來被信眾拖欠的金額也高達數千萬元，不過，土地公不但沒有因「呆帳」減少香火，反而愈來愈興旺，連燒金紙都是用小卡車一車一車載的，當然該廟協助地方公益事務也愈來愈多，這座台灣最大的土地公銀行，正紀錄一頁驚人的土地公傳奇。

　　名聞遐邇的竹山社寮紫南宮，廟體主建物其實只有五、六坪，但周邊的社寮社區因香客聚集所發展成的觀光「竹藝街」，則頗具規模，由於每日人潮洶湧，該廟遂被信眾喻為「台灣最大的小廟」。

　　紫南宮創建於清乾隆十年，位於濁水溪畔，剛開始只是當地小小的土地神，清光緒五年仕紳黃榮華為方便名間、竹山往來的旅客，乃發起義渡，雨季以渡船過溪，旱季則架竹橋通行，使位於渡船頭的紫南宮成為渡客最佳的聚

紫南宮金紙需用小卡車載

紫南宮竹編元寶

集點，廟方目前並保留有「永濟義渡碑」見證這段發展歷史。

光復以後，政府興建名竹大橋，雖然不再義渡了，但昔日的渡頭船反而隨著紫南宮不斷修建而開發成特色商店街，由於相傳向土地公借錢而發財者眾多，於是每日各處前來祈求發財金、金雞的祈（還）願者絡繹不絕，尤其是假日，擲筊信眾往往將三坪不到的拜殿擠得水洩不通。

據廟方表示，前來向土地公借錢的信徒，每年至少十八萬人，若以一人六百元計算，每年借出去的「土地公金」就可能高達一億八百萬元，而為了方便處理求金、還金等事務，這家台灣最大的土地公銀行也全面電腦化了。

至於該怎麼向土地公借錢呢？其實很簡單，只要向土地公誠心誠意稟報姓名、地址、想要求什麼，從六百元開始借起，如果土地公願意借，擲個聖筊，就代表可借你上限六百元了，如果沒有，再重新擲筊，但金額要逐漸下降，也許五百元、四百元，一直降至最少的一百元。

紫南宮廟埕金紙滿桌

拜廟求母錢前要先洗手

福安宮的開基土地公

關仔嶺福安宮的化石三寶

擲了聖筊，再向服務處登記，服務人員即會發放借款，信眾可將「土地公發財金」存到戶頭，當成做生意支付貨款使用，一年內如果借款人有賺錢，則可視自己的能力隨時償還隨時再借。廟方說，土地公是很少不借的，當然，前提是真的要誠心誠意，如果是有意欺騙，或借錢不還，他們也相信雖然土地公不會硬向信眾「討債」，但冥冥之中自有因果安排。

值得廟方安慰的是，電腦化之前的「呆帳」雖然尚有數千萬元，但並未出現「周轉不靈」的窘況，目前還是能將善款，積極投入包括九二一重建、七二水災及當地國中小學生免費午餐、註冊費及獎學金等各項慈善公益上，也證明紫南宮土地公的神通廣大！

除了借錢，紫南宮另一項特色則是求金雞與雞酒會了。「求金雞」是向土地公求得一隻金雞母，祈願帶回家下金雞蛋，而春節的添丁還願吃丁酒（雞酒）會，則是因早年婦女求添丁如願傳承下來的感恩活動，土地公一次請數萬人免費吃雞酒，場面之盛大也只有在紫南宮才見得到。

# 觀音菩薩
## 大慈大悲大財神

農曆正月廿六日觀音開庫、二月十九聖誕、六月十九得道、九月十九升天

## 觀音略傳
### 是佛是道‧開庫開運

「觀世音菩薩」在佛經梵文中稱為「阿縛盧枳帝濕伐邏」(Avalokitesvara)，在中文譯名有好幾種，竺法護譯為「光世音」，鳩摩羅什的舊譯為「觀世音」，玄奘的新譯為「觀自在」，而道教稱於宋徽宗時，受太白星君引度，而稱之為「觀音大士」或「白衣大士」，佛道一般均略稱為「觀音」。

「觀音菩薩」地位崇隆，在佛、道、儒、顯、密各大教派皆然，祂是佛在靈鷲山的法華會八萬多名大菩薩中，最重要的十八名大菩薩之一，也是阿彌陀佛滅度之後的接班人；而以地域論，在印度、西藏、越南、日本、韓國各國也都相當崇信

很多廟都有觀音許願池

觀世音，尤其西藏的密教中心信仰即是「觀世音」，所以，「沒有觀音就沒有西藏的佛教」。乃至於中國的江蘇、浙江、福建、兩廣西、台灣等地的民間，以及南洋的華僑，他們儘管可以不知有佛教的教主釋迦牟尼，卻無一不信有觀世音菩薩的。所以才有：「家家彌陀佛，戶戶觀世音」的說法。

以「觀世音菩薩」之地位崇隆，將祂歸類為「財神」，實在太過「委曲」祂大慈大悲的精神，而在大乘佛教經典中也沒有特殊有關求財的記載；不過，也正由於其「三十二應遍塵剎，百千萬劫化閻浮」及「千處祈求千處現，苦海常作度人舟」等千手千眼聞聲救苦的形象，民間乃有「觀音騎犴（財）」、「觀音開庫」等民俗傳說與祭儀。所不同的是，除了求子求福以外，信眾一般不敢開口明示求財，以免為難大士。

通常在台灣還可以看見「觀音騎犴」的年畫或吊飾，但向觀音求財的儀式則甚為罕見！彰化縣芬園鄉三級古蹟「寶藏寺」原本主祀觀音菩薩，是中部地區三巖二寺之一的知名廟宇，台灣三級古蹟，後來雖改主祀天上聖母，但該廟曾於二○○四年農曆八月開辦向觀音菩薩借「平安發財錢」的措施，由於是三百年老廟創舉，又是難得的觀音平安錢，即使一聖筊只能借得為期一年的新台幣六百元，仍吸引成千上萬信眾漏夜排隊，這座古蹟老廟略略打破了向觀音求財的禁忌，也充分證有其實觀音的的確確是尊至高無上的財神！

不同於台灣的保守，在中國或香港，每到農曆正月廿六日所謂「觀音開庫日」，幾乎每座觀音廟都造成萬頭鑽動，數萬信眾把握難得

蓮座山有一品名山之喻

的機會向觀音菩薩「借庫錢」，其中又以紅磡的觀音廟最為壯觀，人山人海的香客把整個觀音廟擠的水泄不通，比起台灣的大甲媽祖遶境絲毫不遜色。但即使借「庫錢」（有如台灣盛行的發財母錢），香港信眾通常也不會開口明說的，也僅以用行動祭儀表現之而已！

## 拜觀音迎富法門
# 楊枝淨水‧平安財水

在台灣雖然並不盛行公然向觀音求財，但在「平安就是福，有福就有財」的觀念下，並不減對觀音菩薩的信仰。雖然大多觀音廟沒有借財庫或借發財金的措施，但據筆者的了解，一般有財務困難的信眾，則甚會變通，他們會特別挑選主奉「滴水觀音」的廟宇祭拜，並於祭儀後裝幾瓶「平安水」返家飲用甚而沐浴，要注意的是這種「平安水」一定是「泉水」、「井水」或「溪水」，絕不可汲「自來水」；這一方面可能是受到「遇水則發」的啟示，另一方面則是信仰「楊枝淨水」法力的求財庫、補財庫代替心理寄託吧！

在台灣很多觀音寺都有泉水、井水可汲，例如湖山寺、甘泉寺，都是當地老廟出產甘泉而聞名的。

另外，如果信奉密教或會持咒的信眾，則可以在菩薩面前持「六字光明咒」（嗡 瑪尼 叭妹 吽），其中的「瑪尼」就是指摩尼珠寶，所以向觀音祈求不只可以獲得世間的財富、平安、快樂，更可以超越諸法諸佛功德和智慧，因此，信眾認為持光明咒，就是持真正的財神咒！

至於靈不靈驗？據有經驗的信眾表示，心誠則靈，這項只能意會不能言明的求財法門，真的還挺有用的。不過，仍要提醒有

興趣的信眾，如果要嘗試一定切記：只准許正財，其餘偏財、速財，一切免談！

## 求財拜觀音‧先找龍山寺

在台灣要拜觀世音菩薩，除了有特定的對象，可能您要先找到龍山寺，因為台灣目前約有五百多座供奉觀世音菩薩的廟宇，是先民從晉江安海龍山寺分香而來的，包括知名的萬華和鹿港兩地的龍山寺，其中又以鹿港規模最大，有「台灣紫禁城」之喻，列名台灣三大古剎之首，因其廟宇建築正是依據安海祖廟為藍圖重修的，深具中國建築藝術價值，為全台古代建築保存最為完整之一的寺廟，同時又是台灣最早之佛寺，目前已被列為國家一級

整修中的台南大觀音亭

古蹟。

　　而台北發源地的艋舺龍山寺，則創建於清朝乾隆三年（一七三八年），由泉州晉江、南安、惠安三邑人士自廣海分靈而來，相傳廟址是難得的「美人穴」，而該寺歷經數次修建後，因規模宏偉、雕塑精緻傲全台，與故宮、中正紀念堂並列外國觀光客來台旅遊的三大勝地之一。

　　清朝時，台灣的龍山寺較著名的總共有六座，其他分別是滬尾龍山寺、台南龍山寺、鳳山龍山寺以及桃園龍山寺。

金山財神廟千手觀音菩薩

　　另外，宜蘭員山鄉則有座佛道並祀的佛祖廟─慈惠寺，新廟稱「大三鬮媽祖廟」，舊廟稱「三鬮二媽祖廟」，其中新廟主祀坐姿高達十三台尺的觀音，是全台最大的鎮廟觀音神像。雲林縣斗六市三百年老寺廟湖山寺正殿的圓通寶殿則供奉有二丈六呎高的佛像，桃園龜山鄉三級古蹟的壽山巖，則供奉一座世界最大的漢玉石雕觀音像；觀音鄉則是以清乾隆時期出土的「石觀音佛祖」神像而得名，其甘泉寺甘泉井水百年清澈依舊，又名觀音娘井，每逢假日開放供信眾自行取用；而高雄縣大社鄉則有觀音山、觀音湖，湖畔並有大覺寺，是當地的佛教聖地。

# 東山迎觀音　走了一百五十年

　　根據調查，在台灣民間信仰的神祇中，最受直接信仰的神明以觀世音菩薩排名第一名，所以，每逢觀音聖誕、成道日，各式各樣的廟會活動熱熱鬧鬧登場，其中，又以每年正月初十舉行的「東山迎觀音活動」最具特色及歷史意義。「東山迎觀音」緣起

財神傳

觀音寺裡多會提供平安水

於有兩百年歷史的關仔嶺碧雲寺，過去因二次大戰期間遭到焚燬，奉祀的觀音一度被迎請到東山鄉東山村碧軒寺供奉，時至今日，每年十二月二十三，這尊與百姓共歷劫難的觀音要迎回祖廟碧雲寺，隔年的正月十日再送駕回碧軒寺。和目前的大甲媽祖進香一樣，「迎觀音」的活動也是從深夜開始，要徒步六十公里，歷經十五小時，走過十三個村里，在第二天的黃昏到達東山村，這項民俗活動代代相傳已綿延一百五十年。

　　台灣南部除了「迎觀音」的活動之外，在距東山鄉不遠的鹽水（月津港）則出現第一位肉身修成觀音佛祖的台籍女尼蔡鴛鴦，後代弟子與信眾並在古剎南天宮後殿興建一座「青峰寺」，俗稱「蔡觀音媽廟」，頗為獨特！

## 觀音平安錢水DIY

　　向神佛、菩薩借財、借運、借庫，一般以農曆正月最好。信眾可以在新春走廟時，備好五果、甜糕、金紙到香火鼎盛的大廟拜拜，並向觀音大士祈瓶平安水回家。

1. 準備一個乾淨的瓶子（若廟方有提供，則向該廟隨喜），倒入七、八分滿的泉水（不能用自來水），再置入十枚相同的硬幣，或十枚五帝銅錢，報姓名、住址、生辰、職業後祈請觀音賜福（別明說賜財），允聖筊後攜回家中。
2. 將該瓶水置於室外可曬到陽光處，陽光、月光可照到，一天一夜後，將其轉化成日月錢水。
3. 日月錢水，可分裝成小瓶隨身，並隨時搖晃，讓其財源滾滾，活絡財運；也可以倒入浴池中淨身，保平安並增加財氣運行。

## 不可不**知**的觀音寺

| 名稱 | 地址 | 電話 |
| --- | --- | --- |
| 1. 鹿港龍山寺 | 彰化縣鹿港鎮金門街81號 | （04）777-2472 |
| 2. 台北龍山寺 | 台北市廣州街211號 | （02）2302-5162 |
| 3. 台北慧濟寺 | 台北市中山北路7段190巷34-1號 | （02）2871-5131 |
| 4. 觀音山凌雲禪寺 | 台北縣五股鄉凌雲路3段116號 | （02）2291-3771 |
| 5. 觀音山西雲寺（龜山岩） | 五股鄉西雲路43號 | （02）2291-4392 |
| 6. 湧蓮寺 | 台北縣蘆洲市得勝街96號 | （02）2281-8642 |
| 7. 石觀音慈雲寺 | 台北縣三芝鄉興華村47之1號 | （02）2637-1765 |
| 8. 竹林山觀音寺 | 台北縣林口鄉竹林路325號 | （02）2601-1412 |
| 9. 大香山慈音巖 | 台北縣新店市長春路252號 | （02）2217-4255 |
| 10. 大佛禪寺 | 基隆市壽山路17號 | （02）2422-5553 |
| 11. 蓮座山觀音寺 | 桃園縣大溪鎮康安里49號 | （03）388-5674 |
| 12. 桃園龍山寺 | 桃園縣大溪鎮永福里65號 | （03）388-4361 |
| 13. 壽山巖觀音寺 | 桃園縣龜山鄉嶺頂村18號 | （03）329-5616 |
| 14. 甘泉寺 | 桃園縣觀音鄉觀音村甘泉街1號 | （03）473-2622 |
| 15. 寶蓮寺 | 桃園縣觀音鄉大同村4號 | （03）498-6465 |
| 16. 弘光寺 | 桃園縣楊梅鎮武營街2巷30號 | （03）478-3406 |
| 17. 樂善堂 | 新竹縣橫山鄉豐鄉村大山背31號 | （03）593-3327 |
| 18. 普元道院 | 新竹縣新豐鄉坡頭村35之10號 | （03）568-0379 |
| 19. 石觀音寺 | 苗栗縣頭屋鄉飛鳳村3號 | （037）931-150 |
| 20. 芬園寶藏寺 | 彰化縣芬園鄉彰南路三段135巷100號 | （04）952-2836 |
| 21. 湖山岩寺 | 雲林縣斗六市湖山里湖山岩48號 | （05）557-2122 |
| 22. 赤山龍湖巖 | 台南縣六甲鄉龍湖村珊瑚路198巷1號 | （06）698-2205 |
| 23. 關仔嶺大仙寺 | 台南縣白河鎮仙草里岩前路1號 | （06）685-2143 |
| 24. 關仔嶺碧雲寺 | 台南縣白河鎮仙草里火山路1號 | （06）685-2811 |
| 25. 佛山觀音巖 | 台南縣柳營鄉旭山村麻埔20號 | （06）633-5185 |
| 26. 紫雲寺 | 嘉義縣番路鄉民和村岩仔6號 | （05）259-2457 |
| 27. 鳳山龍山寺 | 高雄縣鳳山市中山路7號 | （07）746-7391 |
| 28. 內門紫竹寺 | 高雄縣內門鄉觀亭村中正路115巷18號 | （07）667-3113 |
| 29. 南海紫竹寺 | 高雄縣內門鄉內豐村82號 | （07）667-1400 |
| 30. 大覺寺 | 高雄縣大社鄉神農村翠屏路110號 | （07）351-1541 |
| 31. 台東海山寺 | 台東縣台東市中正路88號 | （089）322-604 |

不可不**拜**的觀音廟

# 觀音甘泉·平安錢水

　　就筆者淺略所知，台灣奉祀石觀音的廟宇（巖仔）或稱石觀音廟的相當多，包括北縣三芝的慈雲寺、基隆和平島石觀音廟、宜蘭頭城石觀音寺、苗栗頭屋的石觀音寺，及桃園觀音的甘泉寺、屏東車城青龍寺等，都是因真正出土石塊，狀似觀音形象，並受人膜拜屢傳神蹟得名的。

　　至於，新竹十八尖山的四十二座石觀像，曾引起玄奘大學的深入研究，而淡水觀音山的西雲禪寺，也有石雕觀音像都稱之為石觀音，橫山鄉大山背先有神像令旗，之後再移入洞穴稱之為石觀音，則顯然與自然出土的有所不同。

　　在所有較趨近於道的石觀音廟中，則又以觀音鄉的甘泉寺最具代表

觀音鄉的甘泉寺

台灣最大的銅雕壁畫

管制嚴格的甘泉井

性。這座古廟也因為可以求「平安水」、「觀音甘泉」，讓所有觀音信眾非拜不可。

觀音鄉，曾是北台灣頗為重要的穀倉，但近幾年由於工業區的開發，反成了桃園的工業重鎮，除了工業區之外，直至最近才因「蓮花季」、「蓮花文化節」打響知名度，使農業又有回春跡象。蓮座的觀音，盛產蓮花，尤其在工業污染的威脅下，更顯出污泥而不染的情節。

觀音的鄉名，也是源自甘泉寺（原名觀音寺），沿革記載清乾隆四十五年（一七

甘泉寺內殿數顆「石觀音石像
井外的聖像淨水瓶可汲水
甘泉寺備有葫蘆瓶供信眾取用

八〇年）農曆二月十九日即觀音聖誕當日，在寺右方的「貴母坡塘」上方晴天霹靂一聲後，天降豪雨，塘上湧出一石像，同年四月二十二日由一農夫築草寮供祀，三天後神靈降乩指係觀音佛祖降臨凡間。邇後，廟旁有一水窟湧出一道清泉，飲之甘甜，是年值瘟疫蔓延，佛祖指示：飲之可治之，由於靈驗無比，求飲者絡繹於途。

清咸豐年間乃再由當地仕紳募款建廟，因廟址位處福龍山龍穴，又有百年不竭的清澈甘泉，遂命名為「甘泉寺」。

甘泉寺幾個較特別的地方，一是該廟後有一大幅的觀音佛祖銅雕像壁，數層樓高，頗為壯觀，全台罕見，而其著名的觀音娘井則每逢假日開放，供所有信眾汲取，平日則可在亭內以杯子接水，同時為服務大量的接水信徒，廟方並備有葫蘆淨瓶，只要隨緣功德金即可接一壺水回家使用。

提醒讀者注意的是，甘泉寺雖然供奉諸多道教神祇，但因主祀觀音佛祖，所以向縣府登記的是佛教，因此，這裡正殿是葷食禁入的。

正財神之文財神 **之六**

# 彌勒佛
## 布袋乾坤多

彌勒佛聖誕：農曆正月廿六日

## 彌勒略傳
### 財神菩薩‧寶袋保佑

金山財神廟的大彌勒

「彌勒」是梵語「MAITREYA」之漢譯，意思即為「慈悲聖者」，就是「歡喜、希望、光明」之義。「彌勒菩薩」也是佛道並祀的高規格神祇，祂是釋迦佛時代的弟子之一，不修禪定，也不斷煩惱，卻被釋迦佛認可必定成佛，且授記為後補佛（未來佛），而且將是釋迦佛之後第一位成佛的大佛祖，我們所謂的「彌勒菩薩」即是「彌勒佛」的前身。

「彌勒菩薩」化身甚多，根據《大藏經》記載，南北朝時，彌勒佛在中國轉世為傅大士，即是南朝的傅翕（四九七～五六九年），字玄風，號善慧，人

59

金庫裡都是彌勒

稱「傅大士」或「東陽大士」。傅翁生來心境清純，無所愛著。十六歲時娶劉妙光為妻，二十四歲在河邊捕魚和天竺和尚嵩頭陀相遇經點化。自此與妻子住在松樹下，開墾山地，偕妻講經說法。

傅翁為了廣度眾生，首先努力度化妻子發心行菩薩道。所以，他說服妻子將家中的田宅全部賣了，並傾其所得之財，設齋會供養僧俗四眾度群生。有一年，正逢飢荒，傅翁設完齋會後，家中已無餘糧，傅翁懇請妻子賣身做長工，以供大眾道糧。妙光發心說：「唯願一切眾生，因此同得解脫。」傅翁賣妻後，又辦救濟並發願：「弟子善慧，稽首釋迦世尊、十方三世諸佛，盡虛空遍法界，常住三寶，今捨賣妻子，普為三界苦趣眾生消災積福，滅除罪垢，同證菩提。」一個月後，買妻的主人被傅翁的行為感動了，於是把妙光送還給他。傅翁與妙光夫婦的慈悲願，因受感動的人愈來愈多，感應也愈多，繼而形成一貫道所謂的「彌勒家庭」緣由。

另載唐末五代後梁時，「彌勒佛」則轉世為「布袋和尚」，生於浙江明州奉化縣，俗家姓名不詳，自稱「契此」，又號「長汀子」。布袋和尚總是滿面笑容，雙耳垂肩，坦胸露腹，肚大能容，常常手持著錫杖，肩背著大布袋，四處啟化世人。後梁貞明二年三月，布袋和尚圓寂於岳林寺，臨終前說一偈頌：「彌勒真彌勒，分身千百億，時時示世人，世人自不識。」

而布袋和尚的法相特徵，即是目前全世界所公認的快樂佛、

幸福佛、歡喜佛的典範造型。

　　另在一貫道的溯源裡，也稱彌勒佛於清末民初再應運降世為金公彌勒（又稱金公祖師、笨祖金公），並開創了彌勒大道執掌天盤普傳慈悲收圓之法。

　　此外，根據《五燈會元》及《布袋和尚傳》得知；布袋和尚是南無當來下生彌勒佛的化身，他在五代後梁時代留下許多希奇的事。其中有一大部份與「迎富送窮」有關係：指彌勒佛在釋迦牟尼佛之前得道，是賢劫千佛的第五佛，坐在蓮花座上的法相無比尊嚴，左邊法花林菩薩，右邊大妙香菩薩，合稱彌勒三尊。而布袋和尚，則光頭赤腳，鬍鬚不剃，用根短棍一頭挑著一個很多補釘的布袋。袋中放著破草蓆和討飯缽等。手拿一串念珠，衣衫不整，咧嘴疵笑，像那個窮廟裡跑出來的傻裡傻氣的疵和尚。正所謂：「彌勒真彌勒，分身千百億；時時示世人，世人自不識。」

　　而祂那只充滿神奇奧妙的布袋，雖有「百衲骯髒一布囊、無常濁世此中藏；應知萬劫皆虛幻，得失榮枯夢一場！」之醒世偈，不過，如今都被我輩通稱為「黃金寶袋」或「財寶袋」、「金錢袋」！

## 不可不知的彌勒菩薩廟

| 名稱 | 地址 | 電話 |
| --- | --- | --- |
| 1. 大溪天公廟善財金庫 | 桃園縣大溪鎮康莊路三段10巷18之6號 | （03）388-9355 |
| 2. 汐止靜修禪寺（彌勒內院） | 北縣汐止市秀峰路247號 | （02）2647-2605 |
| 3. 天恩彌勒佛院（彌勒大道總會） | 新竹縣峨眉鄉湖光村14寮1號 | （03）580-6596 |
| 4. 新竹城隍廟彌勒殿 | 新竹市中山路75號 | （03）522-3666 |
| 5. 寶覺禪寺 | 台中市健行路140號 | （04）2233-5179 |
| 6. 寶龍山天圓彌勒佛院 | 彰化市南興里南興街89號 | （047）629-086 |
| 7. 開元寺彌勒殿 | 台南市北園街89號 | （06）237-5635 |

# 認識台灣彌勒菩薩

彌勒佛是各顯密教都供奉的神祇，地位崇高至極，能拜的寺廟也相當多。

在佛教方面，最知名的是台南開元寺，原名「海會寺」，是台南市規模最大的佛寺，也是台灣最早創立的官方寺院，在台灣佛教界享有極為特殊的地位。

開元寺原是鄭經在台灣的行館，稱為「北園別館」，創建於明永曆年間，是鄭經安養母親董氏之所。清康熙二十九年(一六九○年)，才改建為全島最

台南古蹟開元禪寺

大的佛教寺院。目前發展除了佛寺尚有醫院、幼稚園等機構，在台南市頗為知名。

歷經三百餘年的多次修建，開元寺在主體的建築形式上，除了仍保有典型佛寺的「伽藍格局」外，更保存許多明鄭時期的遺物，是研究鄭氏家族的重要據點，列為台灣的二級古蹟。開元寺以主祀「三寶佛」，而其彌勒殿內除中央供奉彌勒佛外，兩邊分別有「風調雨順」四大天王，其三川門和彌勒殿內的神像都十分巨大，仰望時，心中敬畏之感油然而生。

而雲林縣斗六寺的楓樹湖則有座湖山岩，除供奉三寶佛之外，最近則興建彌勒山彌勒殿，殿上雕有高達數層樓的彌勒大佛，行經國道三號高速公路斗六段附近，駕駛都可遠遠看見這尊笑彌勒，永遠慈祥的笑看人間。

雖然這座彌勒殿尚未完工，但湖山岩正殿圓通殿奉有大觀音、大雄寶殿供奉來自泰國的玉佛等甚可觀，最難得的是這裡還出產甘泉知名，楓樹湖雖然高度並不高，但仍稱為斗六第一高峰，三百年老廟前有民間業者設置數座甘泉站販賣，每逢假日吸引民眾汲取，一桶幾十元，還相當划算呢！

另一座有名的彌勒殿，是在新竹的都城隍廟，其偏殿有一尊笑口常開、大肚能容，右手持金錢袋的彌勒，對外地人來說這可能只是一尊笑彌勒，但對科技大城、消費率最高的風城當地人而言，這彌勒可是尊不折不扣的財神爺呢！

（左）封寺期間只能穿
　　　過樹影遙拜彌勒
（中）施工中的湖山寺
　　　大彌勒
（右）斗六湖山寺

不可不**拜**的道教彌勒

## 善財金庫‧創意十足

　　將彌勒菩薩的迎富法門發揮的最淋漓盡致的道教廟，首推求財館的「彌勒善財金庫」，這座號稱全台唯一的善財金庫，以館中廟的形式呈現，廟體是由數萬張金箔紙鑲成的大元寶造型，加上鑰匙孔門設計，相當特殊，而金庫內外也隨處可見新的宗教創意與現代創藝，甚至連一般廟宇常見的功德箱，在這裡也都變成了光觸感應的電子功德箱了。

　　說這座館中廟造型完全顛覆傳統，真的是創意十足，但仔細

造型特殊的原彌勒金庫

超現代的電子功德箱

彌勒轉運寶袋

一看金庫卻又同時保留廟該有精髓，領玉旨、令旗、安龍神、祈安法會一樣都沒少，善財金庫總執事的謝文忠有一番妙喻，他說，宗教要以弘揚「神」為主，但總要落實到「人」身上。所以，即使彌勒財神的金庫有如日月般恆久、乾坤般深廣，金銀財寶堆積如山，但能開啟金庫的並不是別人，而是信眾自己，所謂「自助、天助、神助」，只要信神，有自信、夠努力、肯孝親積善，當你一走入金庫，其實，自己就是一把開啟金庫的金鑰匙。

有了金鑰匙的自信，求財、借轉運錢就簡單了。金庫正中除了有尊黑檀木彌勒佛及五色元寶石之外，兩旁則掛滿精巧的小布袋，謝文忠說，彌勒神尊係恭請金山財神廟彌勒財神下山駐蹕，其兩側布袋即是把彌勒佛所揹的金錢袋具體意象化，製造成包括「黃金寶袋」、「大發黃金布袋」、「大順黃金布袋」等求財信物，內裝分別有一百六十八、八十八、六十六元的轉運錢，供祈求的信眾做為發財母錢，和一般廟宇的求借模式約略相同，只要三個聖筊就能獲得「一六八」黃金寶袋，依序二個、一個聖筊則獲得「八八」大發、「六六」大順黃金布袋；信眾求得後，結緣一份金紙啟動即可，其餘則一律隨喜隨緣。

天公祖廟坐元寶的五路財神王

　　由於甚受香客歡迎，原廟容納不了愈來愈多的香客，本書截稿之際，該廟於二○○五年正遷建至大溪鎮康莊路，並與大溪天公祖廟的五路財神王合祀，讀者有空前往求求黃金寶袋是項不錯的選擇呢！

　　值得一提的是，正興建中的大溪天公祖廟，也是台灣難得一見的新式財神廟。該廟，採北（唐）式的外觀，和一般傳統廟宇截然不同，最讓人驚艷的是入口五對七尺高的大聖筊，排列矗立在廟庭前，而正殿主祀的玉皇大帝、三官大帝和號稱台灣一的五路財神王，則是供奉在元寶造型的案桌上，獨特的設計與造型頗引注目，這也是台灣其他廟宇看不到的園區造景和擺設。

興建中的大溪天公祖廟

　　該廟主持師父黃師父說，籌建天公廟係以「天公疼憨人、天公惜好人」為立廟宗旨，主祀分靈自草湖玉尊宮的玉皇大帝，而為了宏揚「天公做主賜善財」濟世道統，所以正殿除了傳統的三官大帝、太陽星君、太陰星君，也正奉五路財神王，並設置新的善財金庫，讓香客祈求招財紅包、黃金寶袋等，做為開運、轉運的發財母錢，而這也是目前華人社會中唯一的五路財神王。

大溪新的善財金庫

### 正財神之文財神 之七

# 濟公
## 送窮大活佛

濟公佛誕：農曆二月二日（龍抬頭）

### 濟公略傳
## 窮神濟世・志不能窮

　　濟公的故事永遠說不完。

　　濟公是南宋高僧，台州（今浙江臨海）人。姓李，名心遠，法號道濟。他最初在杭州靈隱寺出家，後來移居淨慈寺。據傳已證得阿羅漢果，是降龍羅漢的化身，人稱「濟公活佛」。濟公不受戒律約束，又嫉惡如仇、濟貧扶危，流傳著許多動人的故事，光光濟公全傳，即有二百四十回章節。

　　舊時，北京阜成門和西便門之間護城河外，大道之西半里遠。有一座小廟，高不過二米多，進深只一米；名不見經傳，地方史誌不載。但卻是窮人常去「加志」的地方—它就是「窮神廟」。「窮神」是舊北京杠房（既喪事儀仗店，今之葬儀社。）伙計（既杠夫，今謂之抬棺槨的工人）們供奉的神。在過去杠夫屬於下九流，最讓人看不起，收入很少，非常窮困。這些窮哥兒們，也學起其他行業的樣；雖在窮途末路上，深知自己不能沒志氣。於是，大伙兒在「天人合一」共願下，祈求到一尊普天下最

能代表他們的保護神—濟公活佛。係濟公活佛，濟世渡人倒裝下凡的形象，頭帶破氈帽、身穿破衣裳，手拿蒲扇、腰懸酒壺，醉眼乜斜，不伎不求的形象正酷像杠夫們的自畫像一般。

但在中國，「窮神廟」並不是濟公師父最著名的廟，若要說奉祀濟公師父的祖廟則應當屬其葬身的杭州大慈山虎跑泉，也就是現今的「虎跑寺」。該寺建有「濟顛塔院」，一直到今天都是台灣信眾參訪的第一聖廟。

此外，道濟最先出家卻被逐出寺門的杭州靈隱寺，原本是不供奉道濟的，但在台商的捐資下，近幾年才剛剛在大雄寶殿後方新興建了一座「濟公殿」，供奉一尊金身及一幅道濟雲遊圖，終於讓濟公師父在歷經八百餘年的波折後「光榮返寺」，成就了另一頁台海傳奇！

值得一提的是，如果讀者略為注意一下，台灣各濟公的神像造型都不太一樣，認真歸類大致可分為五種：降（騎）龍、伏虎、持酒壺、踩酒罈、單持法扇者，而全部相同的法相則是一襲破袈裟。

# 細說台灣濟公廟

台灣濟公廟雖然多，但卻多以宮壇的方式扶乩濟世，有的甚至是陪祀型的神明，所以知名大廟型的並不多。其中，最知名的應該是嘉義仁義潭畔的南恩禪寺，這座廟位於北二高旁，濟公師父因為要求戴上創金氏紀

金山財神廟的濟公

頂山寺正殿的禪師

頂山寺的全能蒲扇可觸摸招財

錄的二‧四公斤大墨鏡而名噪一時，同時這尊高五‧一公尺的超級大佛，也是亞洲最大樟木一體成形的神像。

　　北海岸的三芝則有座「貝殼廟」─富福頂山寺，全廟及十八羅漢洞俱為貝殼、珊瑚所蓋成，有如將海底龍宮搬至山頂上來，是華人廟宇中最為精緻的貝殼廟，獨一無二的造型吸引相當多的香客前往膜拜。很多人都誤以為這座貝殼廟是台灣唯一一座，其實並不是，因為在彰化縣福興鄉福南村振興巷十一號的三清元宮，佔地

約二百坪，由黃奇春先生以二十年時間依夢境指示發願所蓋成，是面積更大的貝殼廟。

而富福頂山寺的貝殼、珊瑚等建材，的確相當華麗精緻，從門口的鰲魚、龍柱、主爐及十八羅漢洞，乃至禪師的蒲扇、酒壺等，都可供香客觸摸祈財，甚具求財創意；提醒讀者注意的是，該廟目前正動工遷建富基漁港附近，預計二〇〇七年完工，如要造訪開基貝殼廟，讀者需趁早行動。

另外，讀者較難以想像的是，外形瘋瘋癲癲的濟公師父，其實是可能和正經八百的孔子並祀的，我們在台東地區就發現有座濟化殿，該廟主祀濟公師父以外，室外則有尊大濟公塑像頗能吸引路人眼光，而令人驚訝的是該廟還配祀有孔夫子，由於台東沒有官制孔廟，政府一度想將濟化殿改為孔廟，不過後來因種種因素並未如願，但無論如何能讓濟公師父與孔夫子共享香火，在台灣眾多寺廟中也是絕無僅有的。

林內濟公廟則在舊日本神社，今林內公園內，前座是濟公廟，後座是孔子廟，和台東的濟化殿有異曲同工之妙。

同時，由於濟公傳奇故事相當多，也常常拍成電視劇，最有名的拍攝地點

龍隱寺的龍龜是祈財神物

隱身珊瑚礁裡的濟公

69

則是阿里山公路入口處的觸口龍隱寺了。該座分靈自甲仙龍鳳寺
的濟公廟，最靈驗的是自蓋廟初始，完全是在毫無經費的情形
下，一步一步靠禪師的指點及管理委員會委員的堅持才能安座，
並進而香火日盛。

　　龍隱寺最出名的是全寺有諸多「龍龜」，天公爐旁、主殿內
各有幾隻相當醒目的吉祥龍龜供香客膜拜或撫摸進財，而內殿的
神像頗為特殊，共有五尊，據廟方人員說，這是濟公禪師的五個
化身，分別是本尊粉面濟公（降龍羅漢）、青面濟公（達摩祖
師）、黑面濟公（伏虎羅漢）、金面濟公（布袋和尚），以及紅面
濟公（李府仙祖），這五位濟公師父都各有其職司，可管陰
陽、祭解、財富利綠等事，是相當罕見的「五公菩薩」。

　　就因為罕見，加上靈驗，龍隱寺分別在民國八十四、八十六
年，成為台視、中視各拍攝播出近三百、五百集電視劇的取景寺

台灣有名的五公菩薩

廟，那幾年透過電子媒體的推波助瀾，也因此使該寺聲名遠播呢。

另外，一樣分靈自龍鳳寺的台西濟玄宮，則以預測政治人物參選能不能當選奇準無比，而被稱為「政治濟公」！

義竹的修緣禪寺則是台籍日本兵迎自新加坡返台供奉的，在當地

龍隱寺施工中的涼亭號稱元寶柱

喻為「開台濟公廟」，是尊可以扶乩寫英文字的濟公師父，由於已是地方的信仰中心，也曾於二〇〇五年舉辦「開台西天濟公活佛來台一甲子聯合慶典」的儀禮，邀請來自全台灣六十名濟公乩生同時起乩而名噪台灣。

而如果你到南台灣，高雄縣甲仙鄉的龍鳳寺一定不能錯過，龍鳳寺位於甲仙鄉油礦溪旁，為清光緒年間，到甲仙開墾的先民潘春來先生前往北港恭請天上聖母神像回來供奉，香火鼎盛一時。民國四十五年康三德先生親往旗山鎮旗尾鳳山寺，奉請濟公菩薩供奉，香火鼎盛，信徒激

元子宮濟公乩身

增，濟公師父分靈全台益廣，稱為「五公菩薩」。民國五十五年各地善男信女，出錢出力建造大雄寶殿，並更名為龍鳳山龍鳳寺，主祀濟公師父，廟堂建築宏偉，歷史文物收藏豐富，值得信眾前往祈福膜拜、欣賞祭祀文物。此外，大社、仁武附近知名的觀音湖風景區，則有一座「龍華修齊堂」，建築亦頗為宏偉，香客可享受登階梯禮佛的居高臨下樂趣。

## 拜濟公的送窮法門
# 先除穢氣再求財氣

台灣絕大多數的濟公廟（壇、堂）都以扶乩祭解為主，活佛禪師降乩時身著補釘道袍，一手持蒲法扇，一手持葫蘆酒瓶的造

不可不知 的濟公廟

| 名稱 | 地址 | 電話 |
| --- | --- | --- |
| 1. 山外山淨慈寺 | 苗栗縣獅潭鄉永興村下大窩17-1號 | （037）932-177 |
| 2. 南恩禪寺 | 嘉義市盧厝里紅毛碑30號 | （05）276-2389 |
| 3. 觸口龍隱寺 | 嘉義縣番路鄉觸口村1號 | （05）2591-3222 |
| 4. 修緣禪寺 | 嘉義縣義竹鄉六桂村245之10號 | （05）341-2144 |
| 5. 基隆元子宮 | 基隆市崇法街176巷12號 | （02）2466-2279 |
| 6. 台東濟化殿 | 台東市雲南路193號 | （089）512-770 |
| 7. 林內濟公廟 | 雲林縣林中村公園1號(林內公園內) | |
| 8. 甲仙龍鳳寺 | 高雄縣甲仙鄉東安村油礦巷3號 | （07）675-3146 |
| 9. 甲仙天台山靈隱寺 | 高雄縣甲仙鄉寶隆村光華路2號 | （07）675-2123 |
| 10. 五股天乙寺 | 台北縣五股鄉天乙路127號 | （02）2291-2698 |
| 11. 南港慈雲寺 | 台北市福山街44巷15弄1號 | （02）2783-0743 |
| 12. 富福頂山寺 | 台北縣三芝鄉橫山村二坪頂69號 | （02）2636-7002 |
| 13. 龍華修齊堂 | 高雄縣仁武鄉仁祿村橫山三巷30號 | （07）371-2523 |
| 14. 台西濟玄宮 | 雲林縣台西鄉 | |

型，令人印象深刻！

　　而台灣宮廟拜濟公師父的備品不一，但「酒」總是缺少不可的，有的廟甚至特別用雞腿供奉師父。至於濟公師父的靈驗傳奇當然多到不可勝數，只是幾乎都是祭解的傳聞事蹟。

　　北台灣的金山財神廟雖然沒有扶乩祭解的儀式，但該廟送窮殿所陪祀的濟公師父也時有靈驗傳奇，讓人嘖嘖稱奇，迄今也成為熟識信眾口耳相傳的迎富送窮法門！

　　金山財神廟廟方平日通常會在濟公師父拜桌前供奉平安水，和一般大廟一樣做為信眾隨緣的解渴飲料，而在神像旁則供有或高梁或白蘭地的「黃金酒」，信眾必需乞筊後

觸口知名的龍隱寺

才能喝，而最特殊的則是座旁的法扇，這幾隻法扇被廟方喻為「送窮」的法器，據說除了專治腰酸背痛頭疼外，更能除瘴氣、穢氣、衰氣！

　　由於窮人最怕的是病痛、衰氣的折磨，在濟公神像旁更有一座「石磨」（台語諧音與折磨相似），稱為「石來運轉」，信眾拜後自行順時鐘繞個三圈也會有除衰、除瘴的送窮效果！

## 濟公加持DIY

　　台灣的濟公廟通常都是起乩祭解，如果有需要自製福袋，「師父」自然會有聖示，並教導方法。

　　如果您還無法安心，其實，最簡單的方式就是利用身上的佩飾，請濟公禪師當場加持護身，或持咒開光，以濟公慈悲仁愛精神，通常師父是都不會拒絕的。

不可不**拜**的濟公廟

# 南恩禪寺‧濟公不只會耍酷

　　華人神祇中最無禁忌的當屬濟公師父，不受人情世故的包袱，愛耍酷的個性最讓信眾信的如癡如醉，這樣的「瘋濟癲」除了三芝貝殼廟之外，當屬南恩禪寺的濟公最具代表性。

　　嘉義的蘭潭、仁義潭除了是重要的水源地、觀光區外，因為風光明媚也是知名的靈修地。而在環湖林立的寺廟中，近幾年又以位於仁義潭水庫管理局後方的南恩禪寺最惹人注目，從該廟重建並正式成立管理委員會才短短四年，就因為有一尊超愛耍酷的超級濟公而威名遠播。

　　目前還正興建中的南恩禪寺，原名「南恩宮」，數年前的廟宇僅是一座極簡陋的「竹管仔厝」，庚辰龍年（二○○○千禧年）主祀的濟公師父諭示將出世傳新法一千年，遂降旨重建，並將新廟前殿三樓、後殿七樓的獨特造型雕成神轎，使該頂造價三百萬元的七層樓轎，成為鎮廟的第一寶，而這頂命名為「萬人神轎」的超級神轎，同時也是濟公出巡最拉風的頂級坐車。

　　有了坐車，廟方在完成正殿的同時，濟公活佛又降旨以樟木雕刻金身，要學生（弟子）必需往南尋找，才能找到合適的材質，果然經半年餘尋覓，才在高雄甲仙找到一棵直徑近九尺的牛樟木，重量達七十餘公噸，

南恩禪寺戴墨鏡的酷濟公

折當時市價約三百六十萬元，雕成高五‧一公尺，亞洲最大的一體成形木雕神像，這神像乃又成為鎮廟第二寶。

令人驚奇的是濟公師父的創意並不止於此，由於南二高的闢建，挖掉了廟址西側小山丘，造成嚴重的「西曬日」，濟公忍耐了一年後，竟指示要戴墨鏡濟世！

消息一出，眾人不但驚訝連連，更為如何完成使命煩惱不已，但說也奇怪，幾經波折後，小林眼鏡公司乃於二〇〇三年真的製作了一付寬九十五公分、重二‧四公斤的超大型不鏽鋼眼鏡，而濟公師父也很性格的挑了深茶色鏡片，讓自己又「神氣」不少。

價值三百萬的濟公鑾駕

這副比一般眼鏡整整大七倍的超級墨鏡，目前也正申請金氏紀錄的認證中。不過，由於墨鏡是神戴的，並非人戴的，該不該核發認證，據說讓認證單位頗為兩難，正陷入天人交戰中。

除了大佛、大眼鏡，南恩禪寺廟埕上，還有一座號稱亞洲最大的古銅天公爐，重達十噸，與大轎、大佛並稱「鎮廟三寶」。

不過，除了鎮廟三寶，南恩禪寺並未忘了顯揚濟公慈悲濟世的精神。所以，該廟常常有「大佛像與小燕子」嬉戲，甚至是小燕子在大佛頭拉屎的畫面！有趣的是，濟公師父非但不以為意，永遠微笑以對，對學生曾有意以網捕捉趨趕，還頗為生氣的教訓學生「佛門聖地，不得殺生」！而在濟世的部分，每週則有固定的祭解扶鸞，濟公師父會透過鸞生開示解疑，甚至是預警。靈不靈？該廟副主委郭芳濱說，每日至少五部遊覽車的香客，祭解法會總是大排長龍，濟公師父的神威是不用懷疑的。

# 正財神之武財神

## 趙玄壇・關聖帝君・密教五財神

　　武財神是以古代武將（帥）演變來的財神。

　　在民間，絕大多數是以信奉趙公明(趙玄壇)為主，但趙公明並不是神格最高的神祇，若論神格位階，「關聖帝君」在民間信仰中則是無可比擬的武財神。此外，尚有藏傳佛教的五方神等，都可視為武財神。

<u>正財神之武財神</u> 之一

# 趙玄壇
## 天官武財神

武財神：聖誕農曆三月十五日（三月半）

### 玄壇略傳
## 催財進寶・五路稱首

談「武財神」，一般信眾最直覺的就是「趙公明」了。

武財神趙朗，字「公明」，一說「光明」《台灣省通志》宗教篇道教章，商朝山東濟南人，《清縣誌》載說是西安人。民間俗稱「趙玄壇」、「銀主公」、「寒單爺」、「天官武財神」或「玄壇元帥」、「趙大元帥」，是一尊具有驅邪斬妖、除瘟祛瘴、催財進寶，怒目金剛型的武神。

趙公明的來源說法相當紛岐，有說是來自回回的外來神，所以祂不吃豬肉，有說是由陰間的鬼擢升冥神演變而來，但最通俗的說法則是衍生自「封神

敦和宮的武財神銅像

榜」中的各種傳說，尤其趙公明之具有廣大的神通，除了麾下四名財神辦事效率格外神速外，坐騎黑虎將軍更是關鍵，因此，封神演義中的伏虎過程的精彩故事也一直流傳迄今。

敦和宮也是百年老廟

相傳趙公明身長九尺，黑面濃鬚，奉師尊靈寶天尊（通天教主）之命在羅浮洞（今之九老洞）修煉時，祂的三位妹妹金霄、銀霄、碧霄因貪玩偷偷自三霄洞出遊，行經四川峨嵋山報國寺附近的一片野林時，遇上伏在橋旁一隻吊睛白額大黑虎，三位妹妹雖然武藝高強，但仍無法馴服黑虎，就在千鈞一髮之際，趙公明及時出洞，持卅六節的金鞭與紫金環，經過一番周旋終於收服黑猛虎，並點化為坐騎。

峨嵋附近居民為紀念趙公明收服黑虎，乃在溪旁立廟，即「伏虎寺」，而寺旁臨溪而建的木橋，即稱為「虎溪橋」。自此以後，一般民間武財神的神案下均供奉黑虎將，俗稱「虎爺」，是跟隨神明辦事，除瘴逐疫、鎮護廟堂的坐騎。

雖然民間所奉祀的趙武

發現財神
武財神之一　趙玄壇

財神像造型相當多，不過，一般都以其黑面濃鬚，粗眉大眼，頭戴盔冠，身披甲袍，腳穿長靴，右手執鞭（有的稱金鐧有的稱銀鞭），端坐在虎背上為最常見的雄武英姿，所有造型中差別大都在手部，有的是捧聚寶盆，有的持帥印，也有的是捧元寶、寶珠，更有的則是持珊瑚寶扇或定海神珠（夜明珠）等奇珍財寶。（道書上則指黑虎玄壇元帥，原為收妖捉鬼之神，一手握金輪，一手持金索。）

　　而玄壇元帥位居五路財神之首，另外的說法則是源起「封神演義」中，趙公明與姜子牙交峰的傳說，趙率陳九公、蕭升、曹寶、姚少司兵分東西南北與周軍對峙，並連斬姜子牙數名大將，最後逼得姜不得不設壇日夜作法，祭出「釘頭七箭書」及「斬魂法」等法術，才打敗英勇的趙公明。

　　姜子牙伐紂之後，奉師尊元始天尊的諭旨為安撫兩軍陣亡將士，擇定吉日在封神台上張掛封神榜，擺設香案禱告天地，趙公明被追封為「金龍如意正一龍虎玄壇真君」，其麾下四位正神，陳九公為「招財使者」、蕭升為「招寶天尊」、曹寶為「納珍天尊」、姚少司為「利市仙官」，專司招財進寶、迎祥納福及追逃捕亡之職。因此，世人也稱祂們為「五路財神」或「五顯財神」。

　　除此之外，在道教經典中，《三教源流搜神大全》也曾記載趙公明因主動為張天師守護「九天神丹」煉丹仙爐有功，而屢被玉帝加封至玄壇大元帥。

　　至於近代興起拜財神的風潮後，也有人在考證趙公明的由來時，發現趙公明可能是來自回教的外來神，其最主要是根據《清嘉錄》：「三月十五日為元壇誕辰，謂神司財，因能致人於富，故世人多塑像供奉。又謂，神回族，不食豬，所每祀必以燒酒牛肉，俗稱齋元壇。」而在大陸《破除迷信全書》卷十之記載：「俗敬趙玄壇為財神，說明陰曆正月初五是財神生日，商家都要

79

循例買點魚肉三牲、水果、鞭炮、供以香案，迎接財神等」在許多財神祠上，都是財神爺正坐，兩旁站二位或四位配享的侍神；指當中有一位是深目虯髯捲鬚，頭戴螺蜔形帽，有時纏著頭巾，面似外國人，手裡拿的不是珊瑚樹，就是夜明珠的神祇，大家都稱為「波斯進寶」或「回回送寶」，乃認定祂來自回教國家，所以不吃豬肉；因此祭拜財神而不用豬頭三牲！這種不用豬肉三牲祭祀的儀典，即稱為「齋玄壇」！

# 三月半財神祭

不論趙公明是武財神、冥神，或是外來財神，在中國大陸歷經文化大革命後諸多主祀趙公明的廟宇大多殘毀了。台灣分靈最廣、最知名的武德宮曾先後依降乩指示前往山東濟南及四川謁祖，唯最後僅在濟南的齊河縣趙官鎮發現一座「黑虎泉」，神明認定的祖廟則早已蕩然無存，遺址也改建成為「趙官鎮糧所」。

雖然神明認定的祖廟已蕩然無存，

敦和宮玄壇爺能預知災難

求財可多參加財神法會、拜斗

台中廣天宮的金元寶

但在中國我們還是透過網路搜尋到幾座「趙公明廟」，就在較少人知道的西安市集賢鎮的趙大村（相傳因趙公明曾官居于此而得名）裡，該村不但建有趙公明墓（《清縣誌》載：「財神趙公明，趙大村人，村中有趙公明墓」）、還有一座趙公明廟，廟宇並曾於明萬曆九年（一五八一年）、清光緒戊子年（一八八一年）先後進行修葺，建築風格仍保留了明清時代特色。

　　由於依神明指示找不到祖廟，目前包括港、台、東南亞許多武財神的信眾紛紛前往趙大村進香朝拜，使整個市集格外熱鬧，而西安市也正對該廟與墓園進行財神文化的規畫建設，進一步積極創造「財神」的經濟效益。

　　另外，在浙江省諸暨市的礦山也有一座玄壇廟，每逢三月十五日聖誕即熱鬧滾滾，稱為「三月半廟會」，在大陸地區頗具知名度。

# 台灣知名的武財神廟

武財神趙公明屬於台灣道教通俗的神明，但整個發展卻遠遠不如媽祖、觀音或關帝爺，最主要的原因一方面是因為漢人很少公開拜財神的關係，另一方面則是很多人誤以為趙公明只是《封神榜》裡的傳說人物，並無其人，即使財神信眾近幾年不斷累積，但武財神的正統地位卻仍一直遲滯不前，甚至有些道教執事人員仍誤以為趙公明是「偏神」，實在讓武財神相當委屈。

而台灣目前最古老的武財神，依據考證一般認為也是隨明末漢人渡黑水溝移民而來，根據三級古蹟南崁五福宮的記載，玄壇元帥趙公明於明永曆十六年春（一六六二年）隨著鄭成功來到台灣，先落籍在桃園南崁五福宮址，並被加封為「開台元帥」，五福宮的大殿，今日仍高懸「南崁五福宮開台玄壇元帥」匾額。所

關渡宮稱武明財神

以，以此推估武財神趙公明到台灣的時間，大概距今約有三百四十多年了。

另外，根據仇德哉編著的《台灣之寺廟與神明・四》所載，一直到民國七十年底向政府登記有案，以「玄壇爺」、「玄壇元帥」、「趙公明」等為主神的廟宇，僅有蘆竹「南崁五福宮」、烏日「玄壇爺廟」（已更名為玉闕朝仁宮，主祀天上聖母）、草屯「敦和宮」、宜蘭頭城「鎮安宮」、冬山「澤安宮」、丸山「保安宮」，以及自成系統的澎湖湖西鄉「天軍殿」、北港「武德宮」，總共才八間廟宇。

不過，隨著時代演變，目前台灣的財神廟正以極快的速度向四方擴散，從南到

北、由東到西，各種「五路財神」、「武財神」、「山財神」的市招林立，其中又以五福宮、武德宮、敦和宮的分靈最廣！除此之外，一些傳統大廟因應時代趨勢，新近則大多陪祀各式的財神供信眾膜拜。

　　北港的武德宮以著名的「天庫爐」聞名，甚至連自其分靈而來的八里五福宮亦有造型相似的「天庫爐」，爐上各路天官栩栩如生的浮雕相當精緻，而敦和宮除了銅鑄玄壇爺，號稱全台最高最重，屹立樓頂，是草屯的地標景觀之外，該廟還設有文物館，舊神轎、戲班袍服、鐘鼓，收集不少，是地方的信仰兼文物中心。

　　石碇的五路財神廟以位於元寶山下知名，一只古銅元寶香爐和元寶金爐，讓信眾讚嘆不已，台中廣天宮則每天招待香客擲筊喝「發財茶」，

石碇的元寶香爐

## 武財神迎富DIY

　　台灣的武財神通常都是五路財神廟，所以自製福袋可依據五行、五色相生相旺的原理，祈求增強五路財運。

1. 備一紅袋，以一張小紅紙正面書姓名、住址、生辰，背面書「富貴生財」，摺好置入袋內。

2. 找屬五色石（紅、黃、青、白、黑）的天然水晶、天然礦石各一顆，最好能再置入五路財神招財符後，向武財神祈願，並獲聖筊後，過主爐三圈加持攜回。

3. 將五財福袋隨身攜帶，出門上班、開會、交易時，暗中搖晃福袋，並虔誠默唸祈請該廟坐前五路財神協助開運招財，護佑弟子財運旺盛、心想事成。

4. 切記靈氣轉動有所感應，必需返廟謝恩，同時繼續將福袋過爐加持，以保福袋磁場旺盛不墜。

和武德宮一樣正殿上的金元寶總吸引香客不斷赤手撫摸，以求財氣財運。

台灣的五路財神廟幾乎都可以換發財母錢，運作情形大致相同，在石碇、枋山、八里，信眾可以在虎爺面前換錢，其他則多數遵照廟方的遊戲規則向財神錢擲筊換母錢，手續都很簡便的。

另外，在整個財神文化中特立獨行的則是由庄腳囡仔曾春榮所新設的「八路武財神廟團」，其實該廟團也是主祀玄壇元帥，所謂「八路」只是將武財神的兵將，從原來的東南西北四路，擴充至「天」、「地」、「人」、「東」、「南」、「西」、「北」、「中」等金銀八路而已！

而延續大家樂時代求明牌的風氣，財神廟中也有座專為求牌、看浮字的廟，這座位於八里鄉的八里公黃金財神大天尊，也奉祀有文武財神，廟方備浮字爐、財籤提供信眾求明牌，仍然吸引了相當多樂透彩迷前往試試運氣。

不可不知 的武財神廟

| 名稱 | 地址 | 電話 |
| --- | --- | --- |
| 1.南崁五福宮 | 桃園縣蘆竹鄉五福村五福路1號 | （03）322-7521 |
| 2.北港武德宮 | 雲林縣北港鎮華勝路330號 | （05）782-1445 |
| 3.草屯敦和宮 | 南投縣草屯鎮敦和里敦和路74號 | （049）232-3793 |
| 4.金山財神廟 | 台北縣萬里鄉磺潭村公館崙52之2號 | （02）2498-1186 |
| 5.八里五福宮 | 台北縣八里鄉米倉村渡船頭2號 | （02）2610-1895 |
| 6.八里金財神 | 台北縣八里鄉下罟村下罟子3鄰17號 | （02）8630-4345 |
| 7.台中廣天宮 | 台中市北屯區遼陽五街131號 | （04）224-3146 |
| 8.台中武濟堂 | 台中市北平路4段33號2樓 | |
| 9.石碇五路財神廟 | 台北縣石碇鄉永定村大湖格路20之1號 | （02）2688-6267 |
| 10.枋山五路財神廟 | 屏東縣枋山鄉中山路3段52之10號 | （08）876-1646 |
| 11.松山北巡武德宮 | 台北市光復南路68號 | （02）2578-4053 |

不可不**拜**的財神廟

# 南崁五福宮‧玄壇第一廟

　　南崁五福宮，當地俗稱「元帥爺公廟」，是西元一六六二年鄭成功部隊征伐北台灣由南崁港（竹圍漁港）登陸，在現址樟樹下置案奉安玄壇元帥神像而來，是全台灣歷史最悠久的武財神廟。

　　目前已被內政部列為三級古蹟的五福宮，佔地二千餘坪，除了前中後三進之廟庭，還包括景觀公園、老人會館等，整座廟園石柱精雕、漆畫細緻，頗為美崙美奐。

　　主祀的玄壇元帥，神貌威武，黑面朱唇，目圓濃鬚，頭戴倒纓盔，身穿烏油甲，手執金，跨黑虎，甚具威儀之姿；另陪祀的神明相當多，有觀音佛祖、天上聖母、關聖帝君、神農大帝、福德正神、哪吒太子、註生娘娘、國姓爺、齊天大聖、文昌帝君、馬舍公等神祇。

南崁五福宮玄壇開基廟

台灣唯一的「開台玄壇元帥」匾額

最令地方嘖嘖稱奇的是五福宮後殿內有一「使者公洞穴」，洞內目前有三十餘條大錦蛇，稱為「神蛇」，信徒據信其為玄壇元帥之部將，故築洞養之。

到武財神開台首廟，除了拜拜當然要有特殊的祈財植財方式了，五福宮最出名的是每逢春節的祈安植福禮斗法會了，總吸引成千上萬的信眾「拜斗」，而這也是武財神最正統的祈財祭儀，就像其他大廟的安太歲或平安燈一樣；拜個五財神斗，平安順利、財源滾滾一整年是一定要的。

當然，五福宮也有求速財的方法，不過，這裡沒有借「發財母錢」，但有只鎮廟之寶「天爐」可供祈財。

五福宮天爐鑄於清道光三年（一八二三年），是為紀念祈安建醮大典而建造，民國十四年因香火鼎盛易新爐，開基舊爐遂封爐迄今。直至金雞年因靈動，因緣際會將天爐請至正殿，受到武

財神玄壇元帥之靈氣加持，致使天爐靈氣大發，為道中高人循線追逐至此，讚嘆天爐累積數百年之香火，以致靈氣之旺盛。

由於天爐是古神器，為清朝一流工匠一刀一斧之心血結晶，其雕塑之「金錢圖像」匯聚厚豐之靈驗磁場，玄壇爺遂當下開示天爐之寶貴靈氣，而重新加持開爐，協助信眾大德祈福求財。

欲加持財氣財運者，可先上香後將手掌在主香爐上過爐後，再將手掌置於天爐之金錢圖案上，並以順時鐘方向撫摸一圈回到金錢圖上，一把抓起無形之財氣後入自己口袋，即可增加自身財氣！

到五福宮拜拜不能不摸「天爐」

天爐是五福宮鎮宮之寶

# 金山財神廟‧求三寶得三財

　　銀行，一直是財富的代表，近幾年則有一家銀行名氣格外響亮，它不是由財團成立的金融機構，而是金山財神廟創設的「財神銀行」！雖然不是商業銀行，但在拜財神及向神明求借發財母錢的風潮裡，已使這座全台唯一的宗教銀行，人氣鼎盛、神氣十足。

　　財神爺開「銀行」的確夠酷夠炫，但也不能只是耍噱頭而

金山財神廟外觀

已！金山財神廟是有其得天獨厚的條件的，該廟位於金山、萬里交界的公館崙山腰，正殿坐落在萬里鄉以財穴聞名的「虎耳穴」

上，倚山面海視野極佳，主祀的五路財神諭示「萬里財寶何處求，金山靈氣金財神」的對聯，巧妙地點出財神廟不但是一座利益眾生的「公館」，更是能坐擁金山又能俯瞰萬里財寶的寺廟。

既然注定是座大散善財的廟宇，管理委員會在董事長台灣日光燈集團董事長鄭楠興的經營創意下，由主持師父黃寶治、總幹事謝文忠設計了包括開運錢、文武財氣財寶袋等三寶創意品，開起了號稱永遠不會催收帳款的神明銀行，讓信眾不但真的能像一般金融機構一樣存款、借款、還款，而且還能預

財神銀行人潮不斷

求財可多參加財神法會、拜斗

89

支財氣呢！

　　鄭楠興董事長說，辦銀行最主要是要發揚財神爺孝親積善的自助天助宗旨，所以，來這裡存款、借款，不用保人，也不用看人臉色，窮人、富人，都一視同仁。和正式銀行不同的是這裡強調「施比受有福」，所有的審查手續，都以擲筊決定，一切交由財神爺做主，何時該還款，加不加利息，全由信眾自行決定。

　　即使都是以擲筊請示，但金山財神廟的借錢手續與意義和一般廟宇還是略有不同，貸款部開戶要先上香請示，手捧案桌上的三對筊（六個），稟報姓名、住址，及所欲借的金額，這裡指的金額可以自行斟酌以百元、千元、萬元，甚至百萬、千萬為單位，擲一對聖筊可借一百元現金與一百倍開運錢、二對聖筊可借二百元與二百倍開運錢，三對聖筊則可借三百元與三百倍開運

金山財神廟正殿全景

錢，將所貸得的現金款項回存於商業銀行，即可當做開運母錢了。

　　而在獲得聖筊後，信眾即可持身分證開戶，填具真實資料，並領取貸款卡與現金完成人與神之間的契約行為。貸款卡除註明姓名、發財密碼（編號）外，並註記貸款日期、開運錢金額、還願日期、還願金額等，讓信眾更清楚自己的借貸，並達到有借有還的意義。

金山財神廟的財神銀行剪綵開幕

正財神之武財神 之二

# 關雲長
## 至賢至聖至尊財神

關聖帝君聖誕：農曆六月廿四日

### 關公略傳
### 儒釋道同尊・士農商共禱

華人社會的神祇中沒有哪一尊神明，能像關聖帝君一樣有那麼多的尊稱，而又同時受到儒、釋、道教及歷代官府與民間的尊崇的，只有武聖而已！

關聖帝君，即為三國時代蜀國漢壽亭侯，尊稱「關公」、「恩主公」、「山西夫子」、「文衡聖帝」、「協天大帝」，或簡稱「帝君」、「關帝爺」、「武玉皇」、「關二哥」，佛教則稱為「伽藍尊者」、「蓋天古佛」，滿族神明裡則稱「關瑪法」（瑪法，即為「神」的意思），是中國千餘年來各行各業、各族各氏普遍信奉的神明。文人以其愛讀《春秋》，「山東一人做春秋，山西一人讀春秋」，而尊為「文衡聖帝」，是五文昌之一；軍警以其有勇有謀進退有節，而尊為「武聖」守護神，商賈以其誠信不取非分之財，並發明簿記法，而奉為行業的武財神，甚至在明萬曆封為「三界伏魔大帝神威遠震天尊關聖帝君」，清順治封為「忠義神武關聖大帝」，使關聖帝君取得官方前所未有的殊榮之後，明、清

之後的幫眾，更因其重情重義，義薄雲天，也將之奉為行業神。

如上所述，各行各業拜關公，並不足為奇！惟武聖如何也成為「武財神」，官方史料並無記載，一般認為重情重義的武將，其本身和財富並沒有直接的關係，而關公被視為武財神只是被道德化而已，因此民間各界說法也不一：

一、根據民間「漢為文武將，清封福祿神」的說法，關雲長成為財神應該是在清代。

中國科舉自唐朝開始，並刻意將文武分家，先號文廟，主祀孔子，配祀四聖十哲，至太宗貞觀年間始建武廟，主祀姜太公，配祀張良，開元十九年才依孔廟制配祀十哲，此時，姜太公被封為武成王，廟改為「武成王廟」，而關羽並未被列入十哲之列，一直到德宗又依孔廟七十二弟子之列，在武成王廟彩繪六十四名將，壽亭侯關羽才出現在壁畫上。

一千兩百台斤的青龍偃月刀

宋初，哲宗賜荊州首座關帝祖廟玉泉祠為「顯烈廟」，首次將主祀關羽的「祠」提升為「廟」後，徽宗重定武成王配祀，關羽才被列入武廟配祀神，直至明初關公信仰日隆，洪武年間在南京出現真正的「關帝廟」，每年五月十三日並由南京太常官主祭。

　　而明朝開始的各級「武廟」，原本是並祀岳飛、關羽，至清，因不喜岳飛抵抗女真人的事蹟，乃將岳飛排除，使關羽成為武廟奉祀的主神，並將關帝爺封號由富有宗教意味的「伏魔」，改成政治意味的「忠義」，藉此希望漢人仿效關羽事君不二的精神，也投效清廷。

　　清朝歷代君主都不吝對關羽敕封，也讓武聖本人、夫人、兒子，甚至曾祖父三代更加榮寵，但此時，均無「財神」的官法說法；一直到乾隆皇帝登基後，每逢早朝上殿，常聞身後有甲葉靴板之聲，心裡很是驚奇。某日早朝，乾隆剛入金鑾殿又聽到了那種聲音，乾隆回頭驚問：「身後何人保駕？」答曰：「二弟關雲長。」此後，民間才傳出乾隆把關公封為「財神」。從此人們在關帝廟門聯寫上：「漢為文武將，清封福祿神」，橫批「協天大帝」的楹聯（山東濰坊韓亭區關帝廟），或者是「漢封侯清封大帝、昔為將今為財神」（河北大名縣關帝廟）的上關下財傳說。商業的保護神或財神的說法就因為「福祿神」、「財神」幾個字才因而流傳下來。

　　二、關羽之所以會成為人民心目中的財神，大約始於明清時代，隨著官方每每加封、追封關氏，讓武聖地位水漲船高的同時，又因為當時資本主義的興起，民間成立一些公會、商會或行會，為了聯絡彼此感情，並設置了私人的「財神會」、「關帝會」，奉關公為是保護神和財神，除了增進彼此之

普化警善堂獨特的關帝廟裡求美金

間的共識與感情外，並祈求藉關公的忠義精神達到各行各業成員間一定的規範與制約作用。

而這些「財神會」的說法是關公未從軍之前即善於理財，管過兵馬站，且長于算數記帳，發明了日清簿、簿記法等基本流水帳，簿記內詳細設有「原」、「收」、「出」、「存」四項，條理分明，是最早的財務會計專家，當然也就自然成為「義中求財」的行業神了。

三、唐人嗜茶，從「茶聖」陸羽《茶經》的分茶指法中，後人衍生包括「關公巡城」、「韓信點兵」等名稱，而巧妙地將兩名能征慣戰的武財神結合在一起。（韓信分油，設賭安軍心，常於算數與博奕，被奉為偏財神）

所謂「巡城」，係指指揮官檢查城池防禦工事、武裝設備與戰鬥能力，雖然後人把「關公巡城」和「韓信點兵」移用到泡茶的程序上來，是很形象的。但韓信點兵的歇後語：「多多益善」，卻又相當符合求財神的潛在意識。

因此，把注泉（錢）水，沖泡工夫茶的時候，把三、五個茶杯緊靠在一起，用茶壺沿著小杯打轉地注入茶水，這種巡迴的運動，真正目的雖然是要把茶水的份量和香味均勻地分配給幾隻杯子，以免厚此薄彼，但被稱為「關公巡城」後，而「韓信點兵」則指壺中或公道杯中剩餘的茶湯，再做最後的分配，以力求平均。而這有如面面俱到、涓滴不遺的分配法，應用在商業行為上自然成為另一種財源滾滾的象徵了。錢財，不管是武財神關公還是偏財神韓信所賜的，當然是「多多益善」了。

備註：分茶指法中，若省略「關公巡城」、「韓信點兵」的稱呼，而直接合併成一段指法即稱為「觀音顯靈」或「觀音出海」，意指泡好的鐵觀音茶湯已經泡好，可以直接進入喝茶的程序。均與神明、財神有關，頗為巧合！

# 兩岸知名的關帝廟

中國大陸約有四萬多座關帝廟，即使歷經「文化大革命」，迄今保存完好並具有一定歷史價值的仍有百餘座，其中以當陽的關陵、洛陽的關林和解州關帝廟最具代表性，並稱為「中國三大關廟」。而對台灣的關帝廟而言，則大多分靈自福建東山銅陵的關帝廟，故有「銅陵祖廟」之通稱。

在信仰自由的風氣下，目前台灣在「媽祖文化」之後，儼然已另形成一種「關公文化」，信奉關公的風氣一直與媽祖並駕其驅，具有一定規模的關帝廟不下二百座，其中以建於明萬曆年間的台南祀典武廟（臺灣十六處「一級古蹟」之一）歷史最悠久。而最具影響力的有台北行天宮、台中聖壽宮、台南祀典武廟、鹽水武廟、關廟山西宮、新竹普天宮、礁溪協天廟、鳳山文衡殿等。

台北行天宮有三座廟，台北市松江路的本廟、北投行天宮、三峽行天宮，擁有「恩主公醫院」及圖書館、文教基金會等，是近年來台灣最具知名度，信眾最多的關帝廟，每逢法會祭解人潮不斷。不過，較少人知道的是，行天宮其實是分靈自宜蘭礁溪協天廟的，協天廟是東台灣的代表，分靈自東山銅陵祖廟，迄今仍保留春秋二祭，除了擁有罕見的蠶絲關公神像及九龍金印聞名外，其「籤詩」之準早已馳名中外！

另外，新竹普天宮則有一座高達一百

關公的龍銀寶甕

二十呎的關公塑像，基隆普化警善堂收藏一支重達一千二百斤的
青龍偃月刀，金瓜石的勸濟堂樓頂有座高三十五台尺，重四萬二
千斤的純銅塑像；而四湖參天宮的藥籤，台南開基武廟的聖籤，
在當地都相當的知名。同時，「南蜂炮」鹽水一百八十年歷史的
蜂炮是沿襲自武廟繞境的傳統，關廟鄉即是以當地的「山西宮」
命名而來的，山西宮也是關廟地區唯一的王船廟宇，該項王船祭
典，與鄰近的「歸仁仁壽宮」和「歸仁保西代天府」等兩地，同
屬十二年一科之民俗活動，但歸仁兩廟並未完全依俗舉行，山西
宮在光復後已如期舉行四科，是極少數關帝廟舉辦王船祭的廟
宇。

## 不可不知 的關帝廟

| 名稱 | 地址 | 電話 |
| --- | --- | --- |
| 1. 台北行天宮 | 台北市民權東路路261號 | （02）2502-7924 |
| 2. 北投行天宮 | 台北市中央北路4段18巷50號 | （02）2891-2731 |
| 3. 三峽行修宮 | 台北縣三峽鎮白雞路155號 | （02）2671-1476 |
| 4. 瑞芳勸濟堂 | 台北縣瑞芳鎮銅山里祈堂路53號 | （02）2496-1273 |
| 5. 龍潭南天宮 | 龍潭鄉上林村溝東100-1號 | （03）479-2375 |
| 6. 大溪普濟堂 | 大溪鎮普濟路34號 | （03）388-2054 |
| 7. 新竹古奇峰普天宮 | 新竹市高峰路306號 | （03）521-5553 |
| 8. 豐原樂天宮 | 台中縣豐原市樂天新村38號 | |
| 9. 台南祀典武廟 | 台南市中區永福路2段229號 | （06）229-4401、225-0522 |
| 10. 台南開基武廟 | 台南市中區新美街116號 | （06）221-4199 |
| 11. 鹽水武廟 | 台南縣鹽水鎮武廟路87號 | （06）652-1264、652-5264 |
| 12. 鹽水南天宮 | 台南縣鹽水鎮大豐里88號 | （06）655-1670 |
| 13. 四湖參天宮 | 雲林縣四湖鄉西村關聖路87號 | （05）591-1255 |
| 14. 彰化關帝廟 | 彰化市民族路467號 | （04）724-1394 |
| 15. 高雄關帝廟 | 高雄市苓雅區（五塊厝）武廟路52號 | （07）721-1023 |
| 16. 文武聖廟 | 高雄市鹽埕區富野路170號 | （02）551-4712 |
| 17. 羅東協天宮 | 宜蘭縣羅東鎮中山西路267巷21之2號 | |

## 關帝爺聚寶盆迎富DIY

　　台灣所有知名的關帝廟都以「籤詩」、「收驚」、「祭解」聞名，扶鸞解厄的廟宇也相當多，但提供普遍性求財的廟宇就較少了，最主要的原因可能是「萬世之極」的關聖帝君，神格位階太高，華人信眾不太敢明目張膽「要錢水」之故！

　　其實，向關公武財神求財的方法相當多，最普遍的是參加法會，利用廟會活動安置太歲燈、平安燈，部分廟宇甚至可以安放「財燈」。

　　而較特殊的廟宇則會更進一步提供「聚寶盆」的安放措施，例如二〇〇三年時由於半導體業的不景氣，新竹即曾傳出科學園區許多科技廠老闆，前往新竹普天宮安奉「三才聚寶盆」，甚至還傳出台灣兩大晶圓科技廠的台積電、聯電的高層主管、工程師安放聚寶盆，並且先後為老闆張忠謀、曹興誠各安奉一個，據媒體報導所稱，安盆後幾個月果然景氣回春，業績比前一年同期成長許多，也讓人留下聚寶盆妙力無窮的深刻印象。

　　安「盆」樂道的方法，其實由來已久，很多奉有神明的公司行號都會在神案前擺放一個聚寶盆，祈能招財進寶，而這個盆最好是在門口玄關處，或宅內的財位處，與在廟裡安奉聚寶盆有異曲同工之妙！

　　除了「聚寶盆」，另外，在基隆普化警善堂裡則有一個「聚寶甕」，內裝數千個龍銀，這些龍銀是該堂十餘年前舉辦七朝醮會所留的法器，目前也變成關聖帝君特別的招財法器，信眾只要擲得聖筊，添個油香錢後，就能拿一個回家，連同該堂的招財符，裝在香火袋或紅包袋內即變成武財神的獨家招財法門。

　　「盆」或「甕」祈財法當然有效，而如果關帝廟有「泉水」、「井水」、「溪水」則別忘了汲取一些，向武財神稟報後，當場洗個手、臉，或帶回家洗澡，都有超神奇的效果！

　　另外，在中國大陸西北等地則把關公視為火神，而出現「燎幹節」的祈福解厄風俗，他們認為關雲長原是天上的火德真君，因心善被斬，其魂寄存在血滴中，轉生為關公。某日上天下令要把百姓燒死，關公的前身火德真君給百姓出主意，正月二十三日晚上放一堆火，男的女的在火上跳過來跳過去，這樣他便可以向上天交差，說已經把百姓們統統燒死了。寧夏地區現在正月二十三的燎幹節（寧夏方言稱「燎騷幹」、陝西稱「煉幹」、「散疳」）就是這樣傳下來的。

不可不**拜**的關帝廟

# 祀典武廟・關廟之首

　　華人對武聖關公的崇敬，從台南祀典武廟的所有牌匾中，即可略窺一二：自清咸豐帝御賜的「萬世人極」，到「大丈夫」、「至聖至神」、「人倫之至」、「文武聖人」、「正氣經天」、「至大至剛」、「文經武緯」、「誕育神聖」等，不啻說明了官方對關帝爺的仰之彌高。

　　祀典武廟，建於明永曆十九年，俗稱大關帝廟，又稱大武廟，這是相對於同樣鄰近赤崁樓的新美街開基武廟（稱為小關帝廟）就規模大小的通稱，目前已列為國家一級古蹟的祀典武廟，除了是台灣唯一列入官方祀典的關帝廟，堪稱全台關廟之首以外，其文物之豐、立廟之早都足以與「全台首學」的府城孔廟並列文武廟，坐北朝南、三進三開間、雙拜殿的建築格局，可說是台灣地區保存

一級古蹟台南祀典武廟

99

武廟正殿的關帝流

一級古蹟台南祀典武廟

開基武廟保留最傳統的「添香油」傳統

最完整，也是最壯麗的古廟之一。

祀典武廟，正身建築為三進三開間，門面窄而進深狹長，前為三川門，其次為初拜殿，再次為廊廡，最高者為正殿，其後為後殿，三殿屋脊線相連，時而上升、時而下伏，山牆如波濤起伏，具有一氣呵成之壯麗，是台灣地區少見的古廟。

除了建築，祀典武廟細部木石雕飾也十分細膩動人。石鼓、螭陛、幣形鎮物、神龕雕刻等都極具觀賞價值，有趣的是，雕飾題材多半以動植物與自然紋樣為主，少見武將，據說，這是因為忌諱在「關公面前耍大刀」的緣故。

值得一提的是，祀典武廟奉祀關聖帝君之外，並有觀音佛祖廳、西社「五文昌帝君」也都是本書中的「財神」；尤其，該廟的觀音神像近觀慈祥、遠觀

台灣最古老的開基武廟　　　　　武廟旁的范謝將軍相當特殊

莊嚴，為少見的明代精美佛像。

　　既然都到了祀典武廟，其鄰近的新美街開基武廟就不能不去拜拜，其實，稱為小關帝廟的開基武廟歷史比祀典武廟更為悠久，這可是全台第一座的關帝廟，同時該廟迄今仍保留添香油的古老習俗，將真正的香油一瓶一瓶放置在土牆上，頗為罕見，這種添香油古例，據了解台灣本島除了少數幾座佛寺還有之外，只見於金門風獅爺信徒還保留傳統，海外則以東南亞、香港較為普遍，除此之外，台灣各大小寺廟幾乎都以「折現金」的隨緣方式處理了。

　　做為台灣最古老的開基武廟，當然建築風格仍有可觀之處，其整棟建築樑柱、巨大門釘、匾額同樣大有來頭，現已被列為三級古蹟。

# 礁溪協天廟・九龍金印鎮廟

　　礁溪的協天廟，一直是宜蘭的信仰中心，始建於清朝嘉慶九年，初期只有茅屋三間，僅奉祀關聖帝君，咸豐七年時，改為土牆瓦頂，並增建東西廂房及二房護廊，清同治六年，鎮台使劉明燈提督巡察噶瑪蘭廳時勒建「協天廟」，迄今已有二百餘年歷史，是台灣北部地區最大的關帝廟。

　　協天廟有幾個特殊之處，廟中有一尊以蠶絲製成，質地非常輕柔的關公神像，是民國六十八年間信眾向日本人買來送給廟方的，這尊全台唯一

協天廟外觀

年輕學子求籤

考季到，文衡帝君桌上都是准考證

的「蠶絲關公」，廟方特別表框加以保護，視為鎮廟之寶。而另一鎮廟之寶則是「金龍印」，重達十六公斤的純金印，乃二〇〇四年建廟二百年大典時由信徒捐獻打造做紀念的。

重十六公斤的九龍金印

神威顯赫的協天廟除了是一般信眾求平安發達的信仰中心外，因為主祀的關公也稱文衡帝君（五文昌之一），自然吸引各地的青年學子來求功名祿位，所以供桌上夾著一張張的准考證影印本，也就不足為奇了。

但最特別的應該算是「神仙旅館」了！這裡有警察從海邊撿來的落難土地公、有子弟出國暫停香火而借住的媽祖婆，還有舊厝翻修等著住新厝的三太子爺等等，在所有關帝廟裡算是相當特殊。

協天廟的蠶絲關公

正財神之武財神 **之三**

# 密教五財神
## 財寶天王稱首

### 五方財神
### 黃、白、紅、綠、黑財神

　　藏傳佛教可以公開拜財神的作法，並且自成一套財神哲學，不像一般華人拜財神剛開始總是遮遮掩掩的，實在是讓人相當羨慕，本章特別收錄密教的財神，也讓讀者在祛除「安貧樂道」，晉階「迎富樂道」時，有機會欣賞其他不同教派的財神風采，開啟另一扇不一樣的財神觀感！

　　財神在藏語中稱「贊布祿」或叫「布祿金剛」，有紅、黃、黑、綠、白和三首六臂等多種形象，均屬世間護法神。

　　藏傳佛教的財神中以黃財神，即「財寶天王」最為常見，一般呈矮壯怒目金剛形象，以手中托「吐寶白鼬」為常見的造像。

　　**黃財神**：黃財神為密教財神之首，本為四大天王中的「多聞天王」。而多聞天王與增長、廣目、持國諸天王又是古印度婆羅門教的天神。其變為佛教四天王傳入中國後，首先在大陸本土化，為玉皇大帝分守天

白財神

門，形象也就演變為中原將軍的裝束和面目。因多聞天王身兼司財之職，故單獨供養時就成了財神。但比較明確的藏式造像是騎生靈座或坐或站在靈山的形象。

紅財神

而另一長得極為相似的神祇，則是「身聞天王」，結金剛坐式於蓮台。台座為單層履蓮台，蓮瓣肥厚而下瀉；頭戴五佛冠，表示其有佛的五種智慧；面部神情凸目開聲，顯示其威猛。其左手托一肥碩的吐寶白鼬，因此應定名為黃財神屬西藏風格造像，時代也早於前者。另一神祇則身著鎧甲，腰束蟒帶，腳踏戰靴，坐于金剛寶座。其左腿結跏趺坐，左掌按龍撫于左腿；右腿前舒，右手平托，手中持物已失，面部表情略顯平和，當為降龍羅漢。上述幾例，雖然都是黃教中常見的造像，但不仔細觀察，極易混淆。

密宗其實在台灣發展相當蓬勃，其中又以由上師洛本天津仁波切創建的「噶瑪噶居寺」，最為知名，該寺除了充滿禪意的華麗建築外，寺裡有座「財神窟」，主要是供奉藏傳佛教知名的財神「財寶天王」和象鼻財神。對密教公開供奉財神，舉行財寶法會，這名漢族台籍的上師仁波切說：「金剛乘修財神法是為全人類而修；要有財富才能利生，所以求財並沒有錯，有錯的是大家對它的執著。」

黃財神

密宗這種：「修財神法，不是向財神求財，而是效法財神賜財富給一切眾生，能有財神的力量，你還會貧困嗎？」的簡單

黑財神

105

哲理，實在相當符合人性！

　其實，據個人初淺的了解，只要是密教，幾乎都有護持「財寶天王」，但都依據藏傳的傳統模式由上師加持、由共修者持咒、靜思、靜坐、冥觀，較特殊的是我在三芝發現一座妙宗秀明宮，該開山宗師府勳上師則創妙宗財寶天王濟世法門，神像座前仍然置聖筊、籤筒供共修者乞筊、抽籤，處處佛道融合，頗為特別！

備註：妙宗秀明宮：台北縣三芝鄉興華村車埕68之1號，電話：（02）2637-1998

　**白財神：**　白財神藏語叫"贊布祿嘎爾布"，造像中亦常見，因其生靈座是一條飛舞的龍，故又稱「騎龍布祿金剛」。

　白財神，又名『白寶藏王』是來自觀世音菩薩慈悲的化現。白財神態威猛，右手持摩尼寶棒，左手握吐寶鼠，坐於碧龍之上。修持白財神法門能消業障、增強順緣、怯病解窮苦、讓無財者能安心向道。唯需發菩提心、潛心修行，妄不可將得來的財富，獨自享受！

密教傳說中的「財寶天王」（秀明宮）

　**紅財神：**紅財神則為金剛薩埵所化身。相傳權位貴顯者及富商最合修此法門！紅財神右手持摩尼寶，左手捉吐寶鼠。本尊與佛母財源天母以雙運相顯現，立於蓮花月輪上。

　**綠財神：**綠財神是由藏密無上瑜伽部之不二續「時輪金剛本續」中傳出，也是東方不動佛所現的應化身。傳說的綠財神有三目，頭戴五佛寶冠，右手持滿願寶果，左手抱吐寶鼠置於左腿，右腳踩白螺。和佛母財源大女雙運於蓮花月輪上。修綠財神法之前，應先修其他

四路財神之一圓滿才可。屬防護財產遭竊盜、遺失和借貸不還！

**黑財神：**為五方佛中的東方金剛不動佛，為使眾生脫離窮苦而化現。黑財神身形矮胖，肚大福相，身披蛇飾，右捧血顱器，內盈滿摩尼寶。左手握吐寶鼠，以立姿踩黃財神。此法門較能為中下階級，窮苦人家及獨居者相應。主要為免除惡運不斷、經濟壓迫、病魔纏身使萬事順意！唯需心存正念，力行布施方能圓滿無礙！

藏傳佛教的財神法門相當多，但一般而言都需要上師（仁波切）灌頂引導才有效果，而其中最主要的後續動作即是「持咒」（持財神咒）：除了財寶天王咒之外，還有普通的財神咒（ 嗡 唄伯嘎 哇哪呀 梭哈 ）和黃財神心咒（ 嗡 藏拔拉 炸念乍耶 娑哈 ）。而持咒的對象與媒介除了是佛像之外，更可以藉由隨身方便攜帶的天珠、開運寶石、財神果（搖錢樹長出的核果，在堅硬的果實上雕刻各種財神圓滿法相），做為祈求的信物！

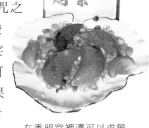

在秀明宮裡還可以求籤

## 密教聚寶盒DIY

　　密教的祈財法門，通常都需要上師或仁波切引導，一切以上師之指導為準。不過，據個人了解如果個人有需要，仍可向財寶天王祈求一個「財母盒」鎮宅。這個「財母盒」，即我們所通稱的「聚寶盒」。

1、備好一個有箱蓋的木盒或紙箱，在盒蓋寫上自己的姓名並註明「財母盒」。

2、盒中置入密教的開運天珠、水晶，或其他適合的簡易法器（由上師指定），並請上師持咒加持。

3、將「財母盒」放置於床底角落，每日返家後，以隨身存下來的硬幣餵養，同時默唸：「我的財氣回到庫位」，如此，連續四十九天後，必可增強聚財磁場，財源不斷滾滾而入。

不可不**拜**的密宗財神廟

# 噶瑪噶居・驚艷之旅

　　第一次拜訪南瀛噶瑪噶居寺，可以說是一趟驚艷、驚喜、驚奇之旅。

　　噶瑪噶居寺乃佛教金剛乘噶居傳承在台灣的第一座叢林寺院，號稱南台灣第一座西藏密宗道場，也是大寶法王認定的全球四大道場之一。

　　自民國七十四年籌劃啟建至今已有廿年了，這座台灣罕見的漢藏合璧建築，坐落在左鎮鄉台二十線省道旁的小丘上，左鎮，原來南台灣一個不甚起眼的小鄉，只以生產「破布子」而聞名，但自從漢族台籍（台南市永康市人）的轉世活佛洛本天津仁波切回鄉擇定該地推動「藏密在台生根」而啟建佛寺、造佛聖像，如今已增添台灣佛教發展的不平凡一頁。

　　說是驚艷、驚喜、驚奇之旅，是因為對該寺的建築、藝術、文物，甚至園中一花一木、一樑一柱之經典雅緻，大為讚嘆，我雖沒到過西藏，但對那種信徒畢生奉獻給佛、奉獻給廟的超脫語言所能形容的情境，著實訝異。從正殿前的「和平寶鼎」、鎏金的藏式樑柱、鰲魚

噶瑪噶居寺建築處處宏偉、精緻

噶居寺的吉祥光塔　　　　　　　左鎮噶瑪噶居寺

欄杆、銅柱、壇城，乃至於山門、祥光塔、諸佛聖像，無一充滿漢藏融合
後之精典美感。步入依山闢建而成的噶瑪噶居寺，信眾可以充分感受那股
融合了純中國園林設計的亭樓及洋溢藏傳佛教面貌的建築，和一般顯教寺
廟大異其趣，當然，也讓只朝佛、道寺廟的普通訪客，處處驚嘆了。

　　噶瑪噶居寺平日都可參觀，但僅限於園林部分，由於我並非共修者，
所以也無法進入包括財寶天王窟、文殊院等內殿，當然，非經申請也不能
擅自在內殿拍照，也許因緣未足，所以我只能在殿外幾度徘徊，終不得其
門而入！

備註：噶瑪噶居寺：台南縣左鎮鄉左鎮村91之2號
　　　電話：（06）573-2103、573-1156

# 速財神

## 華光大帝・劉海蟾・四面佛・韓信・五顯財神

　　民間一直認定文武財神是所謂的『正財神』，也就是引領信眾走正道、行正路的財神，當然，有正即有偏，所以就有專司橫財的「偏財神」封號。只是既是「神」怎可能會守護信者走旁門左道呢？因此，個人認為這個「偏」字，並不具有道德批判的意味，只是在滿足華人「一夜致富」的夢想罷了，況且在官方史料從未定位「偏財神」的情況下，其實將其稱為『速財神』、『橫財神』反倒更真切了。

　　這裡所介紹的『速財神』包括「華光大帝」、「劉海」、「韓信」、「四面佛」等諸神，而如果依照一般認知的《財神譜》裡，偏（速）財神其實還包括五顯財神、水神、金元七總管等神，不過，因為在台灣本島主祀廟幾乎付之闕如，所以除了介紹「初五接財神」的緣由，其餘則在此略過不提。

速財神之一

# 華光大帝
## 從火神到財神

華光聖誕：農曆九月廿八日

## 華光略傳
### 梨園守護神‧金紙行業神

華光大帝變成財神，在台灣就較少人知道了。一方面是主祀的華光廟真的不多，另一方面則是對華光大帝不甚熟悉之故。

大部分的讀者大都知道「五顯財神」，可能是由「行路神」演變而來，原本也不干華光大帝的事，不過，就在大陸地區，尤其是江南，他們有另一種說法是「五顯財神」其實就是「五顯靈官」，兩者混為一談之後，使三眼的華光大帝也從「火神」變成財神了！

華光大帝，姓馬，名靈耀，字天君，又稱靈官馬元帥、三眼靈光、華光天王，是道教護法天神之一。相傳因生有三隻

馬祖華光廟正殿

眼，故民間又俗稱「馬王爺三隻眼」。據《三教搜神大全》介紹，馬靈耀曾經三次「顯聖」，降五百火鴉，殺東海龍王，為救母親大鬧地獄，後來玉皇大帝看他是位將才，封他為真武大帝部將，護法天界，又稱「華光天王」。

據《南遊記》（明朝，餘象斗編著，又名《五顯靈官大帝華光天王傳》）之記載，華光大帝原是靈山如來佛弟子妙吉祥化身的神，初名靈耀，被玉皇封為火部兵馬大元帥。恰值當時揚州后土聖母娘娘廟前，一株素不開花的瓊樹開出一朵上香三十三天、下香五湖四海、三界皆聞香味的瓊花，聖母獻鮮花於玉皇，玉皇特恩賜瓊花宴，有功者可插瓊花、飲御賜酒。靈耀不服，大鬧瓊花宴，搶過瓊花，並飲御酒，自號為華光。

在《南遊記》中，稱他為「火精」，身藏金磚、火丹，後得

華光廟供奉很多女性神祇

道轉世，成了正果，被封為善王顯頭官，屬南帝。於是民間乃將馬華光視作火神，在農曆八、九月間舉行「華光醮」（華光大帝的聖誕是農曆九月二十八日），祈求免除火災。

由於其天生三目，具有天中自行，地中自裂，風中無影，水中無礙，火中自在之五通本領，也曾三世顯聖，大鬧三界。民間除了「火神」的封號之外，也有「妻財子祿之祝，百扣百應」的靈驗傳聞，而將祂視為「財神」。

專祀華光大帝的廟通稱為「華光廟」，而不稱為「火神廟」，是與黃河流域的主祀「火德真君」的官廟加以區別，但也有將他的神像塑在城隍廟中加以祭祀的。

華光大帝除了是消防人員、金紙業者的「行業神」之外，令人訝異的是，祂同時是梨園弟子的守護神！尤其，粵劇戲班將其供奉為祖師，凡新戲臺落成或戲班到某地演出，開鑼前必須要在戲臺上祭拜華光大帝祖師，否則，據說必遭不利。

## 認識華光醮

　　主祀華光大帝的華光廟大多在大陸南方，以福建、廣東較普遍，其中以佛山、武夷為知名，而在台灣僅散見於各大寺廟，主祀的廟不多，以馬祖的華光大帝廟，和埔里玉清宮良顯堂最廣為人知。

　　民初在佛山等地每年農曆九月至十一月，都會舉行「華光醮」，俗稱「打火星醮」的節慶活動，佛山各街坊建醮執事，先後輪流赴廟接神，供奉在街內醮柵上並延請法師開壇作法三天，祈攘火災，以保店產安寧。打醮期間，街頭張燈結彩、八音大班向華光大帝祝壽。最後一夜，則以「火燒王船」的方式，使整個打醮達到最高潮，再由法師沿途作法，隨行執事攜帶紙船、紙馬、紙大士，沿路向店家收集放在門前的寶燭、香燭等物，前往汾江河邊燃燒，象徵送走火星，翌日才又將神像送回廟，一場熱鬧的打火星醮至此而結束。

　　江南地區的「華光醮」有點類似台灣地區的中元普渡，往往吸引數以萬計的民眾參與，但在文化大革命之後，「華光醮」其實已失傳，甚至連台灣都已不復見。

從各種民間傳說中，華光大帝原本與粵劇戲班無必然關聯，但是，為什麼與民間演戲習俗有著利害關係？因為奉華光為祖師還有一番來歷。

　　粵劇，是南方一大地方劇種，照例歸南帝管屬。因當時戲臺都是竹木搭成，又憑木船作交通工具，演戲或交通都極易遭火災，史志就記載在清代乾隆三十二年（一七六八年），佛山顏料行會館演戲失火，燒死觀眾數百人。

　　華光乃兵馬大元帥，是掌管火之神，因而，忌火的粵劇伶人奉華光大帝為祖師，以祈福消災。又因《南遊記》之華光大鬧瓊花會，故戲班行會又稱為「瓊花會館」，會館的大殿供奉華光神像，稱之為「瓊花宮」。

　　每年農曆九月廿八是華光聖誕，粵劇戲班均舉行隆重的祭祖師活動。作為粵劇發源地的佛山古鎮，祭奉華光更為隆重，演戲酬神達三四晝夜。

## 認識埔里良顯堂

　　說起埔里良顯堂的「阿媽」，真的是埔里人的驕傲呢！這是因為創辦凌霄殿與良顯堂的陳綢女士，行善濟世數十年如一日，而夙有埔里「內媽」之稱。

　　埔里有兩個受人尊敬的阿媽，一是畢生服務於埔里基督教醫院，來自挪威的紀歐惠醫師，稱為「外媽」，另一個則是本地的陳綢阿媽，就稱為「內媽」。

　　而陳綢阿媽創辦的凌霄殿位於關刀山上，就是奉祀五顯靈宮華光大帝，早期因為治癒不少疑難雜症而享有盛名，後來阿媽本身因年長生病，經神明治癒後，加上凌霄殿在半山腰，且道路坡度太陡，信徒往來不便，遂於崎下（埔里鎮中山路）設立分院，名為「玉清宮良顯堂」，並進一步成立慈善基金會，倡導濟弱扶貧，獻身各項公益活動，益增添華光大帝的靈山光彩。

備註：埔里玉清宮良顯堂：南投縣埔里鎮人城里中山路3段637巷11號
　　　電話：（049）916-108

不可不**拜**的華光廟

# 馬祖華光廟・財神第一廟

　　在台灣地區最有名的華光廟，就是福建連江縣的南竿「華光大帝廟」，該華光大帝廟是馬祖列島少見的恢宏廟宇之一，軍民重建於民國七十三年間，雄踞於福澳村山坡上，建築十分雄偉，廟內主祀華光大帝、陪祀五顯大帝、白馬尊王、媽祖、鐵扇公主、地母娘娘、臨水夫人等，是馬祖祀奉女性神祇最多的廟宇，香火相當鼎盛。

　　如果您有空到南竿島一遊，船快要到福澳港時，遠遠就可以看見山坡上這一座雄偉的廟宇，樑柱、石雕、神尊，均相當細緻。

　　該廟建廟相傳緣起於明朝末年，福建沿海因海寇流竄，居民因不堪其擾遂移居至馬祖避禍。其中有位名喚林宜守的鄉紳，一日在睡夢中夢到華光大帝託兆：有一只檀木香爐被埋沒在福澳一處山岩中不見天日，囑咐林某率眾將之重新出土。

　　後來眾人挖尋了幾日，果真找到香爐，神奇的是該只香爐上果真刻有華光大帝神諱及漳州府篆

馬祖華光廟

華光廟的細緻石雕

字，地方乃籌款建廟奉祀，後數度翻修，成為今日富麗堂皇的風貌！

　　而福澳村雖然沒有舉行「華光醮」，不過，每逢元宵佳節，都會舉行華光大帝繞境巡狩，村民並藉此舉行盛大的祭典，使這小小的漁村充滿了節慶歡樂的氣氛！值得注意的是，這座漁港的信仰中心，目前沒有電話與門牌住址，如果讀者有興趣則可洽詢南竿鄉福澳村辦公室：（083）622-045。

速財神之二

# 劉海蟾

## 撒錢財神

劉海聖誕：農曆六月十日

### 劉海略傳

## 戲金蟾‧偏財王

　　二〇〇四年台灣大學學科測驗國文的作文考題中，出現一幅「人與蛙」的圖畫，要十五萬考生以五十字看圖說故事敘述感想；由於出題老師誤把「蛙」與「蟾」混淆，也沒有明顯點出這是出自古老年畫「劉海戲金蟾」的典故，遂引起考生家長群起嘩然，指真正懂得原意的考生可能不到萬分之一，考題實在太過冷僻。

　　原來，該幅年畫，原名叫「劉海戲金蟾、步步釣金錢」！畫的就是頑童劉海穿紅披綠、蓬頭赤足、笑顏逐開，手持一根串起古銅錢的長線，正在戲弄一隻或二、三隻三足蟾的畫面，古時在大陸地區該幅畫和「年年有餘」、「福祿壽三星拱照」等，都是春節家家戶戶必掛的討喜年畫。

　　不過由於年畫太過古老、太受歡迎，劉海後來就與蟾相結合，而被直呼為「劉海蟾」了，其生平與真實姓名同時也有了相當多的版本，甚至歷史上是否真有其人，都難以考據。

　　劉海（一說稱劉哲），原名操，海應該是其字（一說字宗成或昭遠），關於祂的出身也眾說紛紜，有人說是京城人（燕山人），有人說是廣陵人，也有說是陝西人。不論劉海出身如何，最流行的版本則說劉海狀雖戲謔，但曾「以明經擢甲弟」，是五代燕王劉守光的丞相。他曾經科舉及第，官至拜相，但卻在西元九一一年燕王稱帝後，因諫僭不聽掛相印而去，改名劉元英（一說劉玄英），道號「海蟾子」，也展開其易服訪道，遊遍名山，欽崇黃老的棄官求道之旅。

　　海蟾子所處的五代時期，其時正逢道教鼎盛，傳說劉海任燕相時，即曾與八仙之一的鍾離權（正陽子）論道，而解相印之後，更遇呂純陽（呂洞賓）收為弟子，並授予「金液還丹」之術，最後終修真得道成仙，隱跡於終南、太華等名山之間，並時常傳出仙蹤。

　　而根據李喬《華夏諸神—財神卷》的記載，劉海蟾確立其道家仙師祖師地位應該是在宋金時代，「金世宗大定七年（一一六七年），道士王重陽在寧海全真庵聚徒講道，創立道教全真派，以王玄甫、鍾離權、呂岩（呂巖，呂洞賓）、劉操、王重陽五人為祖師，是為北五祖（見《金蓮正宗記》）。以後，全真道分為南北兩宗，北宗教主仍為王重陽，南宗教主為天台山張伯端，但南宗亦奉五祖...」，因此，劉海迄今仍是南北全真派的五祖之一。

　　劉海（操）在道教地位自宋以後即愈來愈高，於元世祖忽必烈時曾封為「海蟾明悟弘道真君」，元武宗加封為帝，是為「海蟾明悟弘道純佑帝君」。甚至傳到明清時期，由於劉海聲名大噪，民間有時也會把祂列入「八仙」中，取

傳說中的蟾蜍老王

張果老而代之，可見劉海在民間受歡迎的情況了。

　　雖然劉海在歷代財神譜中曾佔據相當重要的地位，但可惜的是至今為止，劉海的形象幾乎只限於流行的年畫、版畫，或做仙風道骨形象，或是蓬首鮮足戲金蟾狀，或是有如利市仙官的幼童狀，但包括在大陸、台灣，或是華人聚集的東南亞等並沒有發現太多主祀劉海的廟宇，只在濟源市發現「蟾堂」、桂林太平岩（獨秀峰西麓）有「劉海洞」，有中國「牛都之稱」的安徽亳州的蒙城則有「劉海廟」，而河南焦作市與修武縣則都有「海蟾宮」，其中河南的海蟾宮松花蛋是五里源鄉相當知名的特產。

# 蟾與錢與禪的美麗故事

　　世上並無三足蟾這種動物。民間長期廣泛流傳的「三足蟾」或「金錢蟾」，乃源自明、清時有關於劉海蟾的神話傳說。

　　最通俗的說法是根據清人孟籲甫的《豐暇筆談》記載，劉海「汲井得三足大蟾蜍，以彩繩數尺係之，負諸肩上，喜躍告人曰：此物逃去，期年不能得，今得之矣，…後見負蟾者舉手謝主人，從庭中冉冉升空而去。」由於劉海得三足蟾成仙，「蟾」又與「錢」的古音相近，因此，後來人們就把「三足蟾」當成了「金錢蟾」吉祥物，並雕刻成各式藝品，或作佩飾戴在身上，或作擺件放在家裡，有的還製成劉海蟾戲金蟾（錢）的吉祥錢，整個傳奇故事相當圓滿。

　　不過流傳在劉海蟾成仙的「九里溝」當地的傳說，卻充滿愛情淒美氛圍。

　　據稱在晉安帝時，有一條行千年的大蟒盤踞濟源市王屋山天壇頂，每日吞食過路之人。而九里溝內同時有一隻修行約萬年的蟾蜍，即將修道成精，大蟒蛇一心想吞食蟾蜍以增加功力，便每

日吸吮，開始時還能將蟾蜍吸離地面，隨後便日漸增高。蟾蜍自知愈來愈危險，便日夜加緊練功，最終修成正果。這一日大蟒又吸吮蟾蜍，蟾蜍從口裡吐出三個煙圈直逼天壇，套在大蟒蛇上將其緊緊箍死。

傳說中的蟾蜍老王

蟾蜍殺了天敵，整日遊蕩於九里溝中，為了早入天庭，決心積善。一日見二十多歲樵夫劉海，異人天相，終日以打柴為生，便心生憐念有心助其事業，遂每日趁劉海上山打柴之際，來到劉家脫去軀殼化做美麗少女，為劉海洗衣做飯。並在劉海回來前將熱騰騰的飯菜擺放在桌上，然後重新穿上軀殼隱於山中。

劉海剛開始以為是鄰居所幫，不太在意，可一連數日都是如此，他就去向鄰居道謝，可鄰居們都說不知此事，決查出真相，某日一早劉海和往常一樣，假裝背起工具上山，半路立即折返藏在院子裡的柴堆內，眼睛直盯著木欄大門。後來竟見一隻碩大的蟾蜍推開柴門。只見蟾蜍進門脫去軀殼變成一美麗的少女，在他屋中鋪床疊被，燒火煮了一桌飯菜後才又離去。

無父無母的劉海心想：可能是上天有眼，來照顧我的。遂決定提起膽子向蟾蜍提親，以延續劉家煙火。

次日，劉海又重新隱身柴堆之中，等候蟾蜍再次到來。果然，這日偏午，大門一響蟾蜍又重新來到劉家，脫去軀殼開始做飯。劉海見狀悄悄走到姑娘身後，一把抓住蟾蜍軀殼投入火中。蟾蜍聞聲急忙轉身，劉海已站在面前。姑娘躲閃不及滿面通紅，見軀殼被毀雙眼含淚說到：「我乃金蟾仙女，見你孤身一人老實規矩，又有異人之相才來幫你做飯，待你事業有成、娶妻成家，我就要返回天庭。可你乘我不備燒掉我的軀殼犯了天條，我就不能再幫你了，咱倆的緣份將盡」。說完轉身就走，劉海急忙緊緊

119

抱住仙女哭訴道：「我從小失去父母無依無靠，流落到此孤單一人，吃百家飯、穿百家衣，每日形單影孤，既然仙女來幫我就要幫到底，原諒我貿然行事不懂規矩」。說罷滿面悔恨、淚如雨下，情真意切一心要留下姑娘。

金蟾仙女說道：「我沒了軀殼無所遮攔，天神定來抓我回天庭受罪，到那時也會連累你的」。劉海說：「我因一時莽撞惹下滔天大禍，真是愧對恩人，只有日後多燒香敬神來贖罪免災」。金蟾仙女說：「待到明年二月初二天神到來我將離你而去」，二人說罷相對無言。本來劉海經金蟾相助，將官運亨通、位及人臣，但如今天機洩露，只能等天神到來聽天由命了。

雖然劉海和金蟾過了一段安定的生活，二人恩恩愛愛儼然一對小夫妻，但二月初二還是很快到來了。天神來時狂風大作、雷鳴電閃，劉海雖然盡力勸說天神，抱住金蟾不肯鬆手，哭的死去活來肝腸寸斷。怎奈天神奉旨捉拿也無濟於事，最終金蟾還是被捉回天庭。

金蟾走後劉海失魂落魄茶飯不思，終日面對青燈、念經坐禪、燒香敬神，到深山背後金蟾修行之地出家為道，為金蟾免遭磨難而潛心功課。劉海出家後不忘舊恩，取名法號「劉海蟾」以示對金蟾的思念。由於劉海蟾一心修道、悉心專研，終於功成果滿成為道教一代宗師。

現在九里溝的「蟾堂」便是劉海蟾得道成仙之地，也是金蟾修行之所。「蟾堂」也稱「禪堂」。（取材自中國網路文苑：劉海戲金蟾）

的台灣劉海廟

| 名稱 | 地址 | 電話 |
| --- | --- | --- |
| 1.石門金剛宮 | 台北縣石門鄉富基村崁仔腳41之3號 | （02）2638-2076 |
| 2.石碇仙石府 | 台北縣石碇鄉永定村大湖格路16號 | （02）2663-8033 |

不可不**拜**的劉海廟

# 石門金剛宮・劉海掌偏財

　　劉海蟾，在民間有「偏財神王」之稱。

　　這是因為民間一般認為，正財是靠自己
努力從事正當的事業所累積得來的財富，而
在正財之外還有專屬的偏財神，即本書所定
義的「速財神」，偏財則是外在所惠賜意外得
來，或偶發之橫財，國內信眾大多不知偏財
也有專屬的神明，也就是財神爺左右脅侍，
如招財童子、進寶童子、迎祥童子、納珍童

紅包搓劉海禪師可祈財

石門金剛宮的劉海財神

子、增福童子、玉寶童子、金寶童子、銀寶童子等，而民間版畫「劉海戲金蟾」之劉海，即司令掌管天下所有偏財童子，因此尊號為「偏財神王」。

石門金剛宮也是全台少見供奉有偏財神劉海神像的廟宇。

為滿足信眾求正財、帶偏財的需求，金剛宮同時設計了多種了求財法門，包括祈求劉海財神的神獸蟾蜍咬錢的祈願法、安奉財神爺燈、求發財母錢，及拜五百羅漢祈福祿財運等，廟方均能教導代辦，善男信女只要隨喜功德費即可。

以五路財神的求財妙法為例，信眾可以紅紙備妥當事人之姓名、生辰、住址到服務處登記，由廟方代辦呈疏文，叩准後即可求發財母錢並索取發財符，母錢置於金櫃或抽屜內，並將符令安放在上面，心誠則靈可使財源廣進。

而祈求偏財神的神獸蟾蜍咬錢到我家程序，則以紅紙備妥生辰、姓名，向劉海財神參拜，口中誠念「神獸蟾蜍咬錢到我家」三次，並以紅紙袋擦拭神獸蟾蜍的嘴，然後投入聚寶葫蘆，就完成求財的儀式。

# 石碇仙石府・金蟾咬錢來

台北縣石碇鄉的元寶山素以求財聞名，這裡有姑娘廟、五路財神廟，新近則另立了一座主祀劉海禪師的仙石府，號稱偏財的金財神王。

仙石府的緣由乃是宮主曾忠義在民國九十年間納莉風災過後，清理遭土石流淹沒的祖厝家園時，無意中發現三塊均以噸計的巨石，其中一塊狀似三腳蟾蜍、一塊狀似象，另一塊則狀似獅王，又夢見劉海禪師化夢，遂在元寶山下造像立祠。

仙石府正殿供奉的是福德正神土地公，神桌下有虎爺，可供求換發財母錢，而在虎殿則主祀劉海禪師，稱為「海蟾祖師」，陪祀和合二仙、二太子等。廟內這三塊巨石分別命名為：金蟾蜍王、金獅王、金象王，除金

發現財神

遠財神之二 劉海蟾

仙石府的海蟾禪師

拜劉海求偏財的方法

蟾蜍王是劉海的坐騎之外，金獅王、金象
王則是文殊菩薩、普賢菩薩的坐騎化身。

因為是主祀海蟾祖師，在仙石府求正
偏財以求各式各樣的蟾蜍為主，信眾可以
自行購買自己喜愛的聚寶盆、大小金蟾，
在祭拜後由廟方加持開光，攜回住家鎮宅
或放置於各種生意場所、辦公室。

提醒信眾的是，迎回之「蟾蜍王」必需每日更換潔淨的清水，並早晚
點檀香供奉，才會有聚財納金之靈效。

這也是台灣少見的主祀劉海的劉海廟，如果讀者深信發財母錢的靈
驗，則不妨抽空到石碇元寶山，一路拜拜五路財神（五路財神廟）、聖媽
（魏扁姑娘廟）後，也去拜拜海蟾祖師爺，這三座廟可說是系出同源，同
是曾氏家族管理，也都有借發財母錢的簡單祭儀呢！

## 速財神之三

# 四面佛
## 大梵天王

四面佛聖誕：農曆10月15日、潑水節（國曆約4月）

### 四面佛略傳
## 四面財神・慈悲喜捨

　　台灣自從大量引進泰勞，同樣的也引進不少四面佛寺廟，不過，這些廟寺不是只供泰籍人士膜拜，華人禮四面佛的愈來愈多，而膜拜祭儀同時愈來愈本土化，儼然已成為相當興盛的新教派。

　　四面佛的興起，也是因為「求財」理念的無限傳遞所形成的。原來四面佛，正確的稱呼是「大梵天王」，佛經裡說祂不僅是人類的神，也是欲界、初禪天界的天神，更是一切世界中的財富主宰神。

　　其實，大梵天王之出身說法很多，我們依據彰化四面佛所提供的《泰國神史書》記載是，當宇宙洪荒時代，安達目蒲神（創造之神）擬造一切，遂先創造水，使地球上一片汪洋；然後將植物播於水中，但植物卻長出金蛋，其後金蛋破裂，大梵天王就從蛋中出生。因大梵天王生於金蛋中，故又有「金胎」之稱。

　　其後，大梵天王自分為兩部分，一為男性、一為女性，然後

誕生了大自在天王、韋力王、目努薩哇珍蒲王（人類始祖），亦即是第一位創造人類之神，於是人類遂繁衍不息。可說人類在世界上出現，乃大梵天王所創造。又傳說大梵天王創造一女子，名叫「莎都芭」，以協助創造動物人類、神仙、魔鬼與各種生靈。

而今我們所參拜之大梵天王為佛身有四首、四面、八眼、八耳、八臂。一手持令旗、一手持佛經、一手持法螺、一手持唸珠、一手持明輪、一手持權杖、一手持甘露瓶、另一手打手印。其中，手執之法器與手印皆有其深長意義：「令旗」代表萬能法力；「佛經」代表智慧；「法螺」代表賜福；「唸珠」代表輪迴；「明輪」代表消災、降魔、驅除煩惱；「權杖」代表至上成就；「甘露瓶」代表有求必應；「接胸手印」代表庇祐。

大梵天王之四面，正好融合了慈悲、仁愛、博愛、公正這四種正直性格。佛教稱之為婆羅門的「四梵行」，也就是佛教之四無量心—慈、悲、喜、捨，所以願降福及濟助一切天神及眾生。

# 如何拜四面佛

四面佛雖有四首四面，但卻是同一金身，平時祭拜時仍以正面為主，但是若有特別祈求事項，則可在代表該願望之佛面，再重覆祈禱願詞。

其四面各代表的意義如下：第一面（正面）是求生意事業，第二面是求愛情婚姻，第三面是求發財富貴，

四面佛最愛鮮花了

## 認識台灣四面佛

在台灣的民間信仰中，來自泰國的四面佛並非最主流的信仰神祇，不過，隨著外籍勞工、外籍新娘的人數增多，及屢傳感應神蹟，四面佛也逐漸融入本土，加上求財風氣益盛，也和五路財神廟一樣，日益興盛。

據了解，台灣最早引進四面佛的應該是石門金剛宮，由開山主持許合居士創辦，雖然該廟提倡五教合一，但自廟前路旁矗立的四面佛神像及廟內金尊，都不難發現其自許為開基創始廟的因緣。

石門金剛宮的四面佛

此外，由於泰國最知名的曼谷愛侶灣四面佛就位於路角，如果您稍微注意一下，台灣各地也常常會在路口突然出現精緻的四面佛小廟，這包括了在基隆市中正公園也有

銅雕四面佛

座四面佛，位於壽山路十八羅漢洞旁，由於地勢居高臨下，是個觀賞基隆港大船進出的景點，也是遊客駐足休閒膜拜的小廟；中和景平路的四面佛廟，這座小廟就位於捷運景安站對面，是由鄭永森夫婦自泰國分靈而來，廟旁並有幾隻大象做為守護神，是中和地區相當有名潑水節的集結點；而台南縣關仔嶺碧雲寺前、新化鎮青果市場前也都各有一座。

罕見的綠身佛像

此外，在新竹寶山則有二座四面佛，一是科學園區旁的寶山路的四面佛廟，另一則是天德觀裡五尺銅鑄金身的四面佛。高雄縣觀音山的大覺寺旁，也供奉一尊四面佛；台中縣沙鹿鎮八卦巖的四面佛，則曾因泰勞拜佛中樂透頭彩而名噪一時；不過，最令香客印象深刻的則是台東知本的四面佛，由廟方結合溫泉SPA，提供廿四小時的祭拜，在當地甚具知名度。

盡管四面佛愈來愈多了，但以目前各廟的規模論，則以彰化市石牌里的泰京四面佛寺最大，佔地二甲，號稱全東南亞規模最大的四面佛寺，其所供奉的高七尺二寸、重一千三百公斤的東南亞最大金身，自然在台灣也最具影響力。

第四面則是求功名平安。

　　通常參拜方法通常是「一支燭、七支香、八頂禮」；即每面點一支蠟燭，正面七支香，各面自正面依順時鐘方向各頂禮八次，但也有其他的膜拜方式，首先是先點香十二柱，於正面依順時針由左至右順序植香參拜，沿左手順時鐘方向，在

基隆中正公園四面佛

每一佛面各爐植香三柱，若求特別誓願，則點七柱香全植在正面香爐，並加植一支蠟燭，其他之佛面則用手拜即可。

　　膜拜時應低唸崇敬之膜拜詞，內容如下：「弟子○○○謹以萬分至誠，向天界至尊大梵天王，敬呈供品，敬祝大王聖意順遂，保佑弟子○○○身心愉快，事業成功，不受疾病困擾，延年益壽，萬事均能稱心如意」。而如果有其他膜拜詞可依照平日佛道祈願方式，報名、報住址、生辰八字，繼續向大梵天佛祈願。

　　至於供花、供果方面，由於四面佛最喜歡鮮花，供奉七色花最能討取佛祖歡心，祈求願望也最可能靈驗。參拜大梵天王「四面佛」之供品，皆以鮮花或素果為主，鮮花以七種不同色之花朵，代表崇高之敬意，七色花之含意為日日築基，日日生智慧；鮮果則供奉一果、三果、五果均可。

## 不可不知 的四面佛寺

| 名稱 | 地址 | 電話 |
| --- | --- | --- |
| 1. 彰化四面佛寺 | 彰化縣彰化市石牌里彰南路5段90號 | （04）738-8356 |
| 2. 基隆四面佛 | 基隆市中正區壽山路旁 | |
| 3. 中和四面佛 | 台北縣中和市景平路381號 | （02）2247-7606 |
| 4. 台北四面佛 | 台北市松江路、長春路口 | |
| 5. 沙鹿四面佛 | 台中縣沙鹿鎮沙田路32號 | |
| 6. 埔里四面佛 | 南投縣埔里鎮中山路4段 | （05）913-351 |
| 7. 知本四面佛 | 台東縣卑南鄉溫泉村龍泉路32號 | （089）514-316 |

不可不**拜**的四面佛

# 來自泰國，更愛台灣！

來自泰國的四面佛在台灣並非最主流的信仰神祇，不過，隨著外籍勞工、外籍新娘的人數增多，及屢傳感應神蹟，四面佛也逐漸融入本土。其中又以彰化市石牌里的泰京四面佛寺，佔地二甲，號稱全東南亞規模最大的四面佛寺備受注目。

彰化四面佛寺

彰化泰京四面佛寺之所以成為指標寺廟，最主要是該廟乃台灣唯一在泰國佛教會登記立案的寺廟，而且廟內供奉了一尊全東南亞最大的四面佛金身，高七尺二寸、重一千三百多公斤，甚至比泰國愛侶灣祖廟的四面佛還壯觀，而更加奠定了該廟的地位。

彰化每年盛大舉辦的潑水節

彰化四面佛始於民國七十五年間，現任管理委員會主委林逢永當時還是一名賣蚵仔麵線的小販，在偶然的機緣下，赴泰國旅遊，順道前往愛侶灣參拜四面佛時，因發願感應並躍昇為海鮮餐廳大老闆後，遂進一步籌措經費建設而成。

彰化四面佛是台灣最大金身

四面佛旁的招財神

　　在彰化的四面佛前的第一面供桌上，隨時可以看到許多求生意興隆的信眾名片；第三面的供桌上，則是有大小樂透彩的彩券影本；第四面的供桌上，每到考季則是准考證影本專區，祈求金榜題名的考生總是絡繹不絕。此外，主殿旁的招財神殿所奉祀的「南灌」財神（泰語，同音譯），則是台灣罕見的泰國純財神，造型相當特殊，頗值得信眾前往參拜。

　　主委林逢永強調，雖然四面佛來自泰國，但並不會「大小眼」，近幾年的觀察除了面面靈應，照顧泰勞外，更是照應廣大的台灣信眾，而該廟每年舉辦的潑水節，更是吸引成千上萬台灣信眾與泰勞同樂，感受一場充滿濃濃泰國過年風味的嘉年華會。

速財神之四

# 韓信
## 精算財神

四面佛聖誕：農曆10月15日、潑水節（國曆約4月）

### 韓信略傳
## 戰必勝・攻必克

　　賭（博奕），是一種禁也禁不了的文化。小市民搶購大小樂透，有錢沒錢的大爺則競爭前進（CASINO）賭場試試手氣；賭徒，遂和貪官、妓女成了禁也禁不了的職業。

　　相傳古代戰爭士兵長途跋涉的行軍途中，擅長數學精算的韓信，為慰藉士兵的思鄉之苦，於是發明「賭」，從有名的「韓信點兵」、「韓信分油」到「韓信設賭安軍心」就一直流傳至今，也因此韓信成為後人敬拜的賭神爺。尤其，相傳標有楚河漢界的傳統「象棋」，更是由其所發明，使韓信戰必勝、攻必克的一代名將形象迄今仍深植人心。

　　關於韓信，中國民間不但喻為軍事奇才，對祂的大忍大勇故事更是流傳千古，從「胯下之辱」、「不忘漂母一飯之恩」、「蕭何月下追韓信」等都為人津津樂道，其中尤以「背水一戰」的故事更是家喻戶曉。

　　據悉，劉邦出關與項羽爭天下，韓信受命東下井陘（今河北

井陘縣）進擊趙國。韓信率軍在離井陘口三十里處駐紮，又選輕騎二千人，手持紅旗，隱蔽山後觀察趙軍，吩咐如果趙軍出營，就乘虛入其營壘，拔掉趙軍旗，換上紅旗。佈置完之後，韓信便率萬人先行，背靠大河佈下軍陣。

八路財神廟供奉的韓信爺

隔天天一亮，韓信就命令進攻井陘口，趙軍迎戰，雙方激戰許久，韓信軍假裝敗退，棄旗丟鼓，退入營壘之中，趙將陳餘見獵心喜，遂以全軍進攻韓信軍。韓信軍背後是河，無路可退，全都拼死戰鬥，勇猛拼殺，就在當時，事先埋伏在山後的漢軍趁虛進入了趙軍營壘，拔掉趙旗，將二千面漢軍紅旗插上。

趙軍見不能戰勝漢軍，便想退回營寨，卻見營寨已被漢軍佔領，全都驚慌不知所措，漢軍前後夾擊，趙軍大敗。事後，有人問韓信:「按照兵法，應該背山面水佈陣，您反其道而行之，卻取得了勝利，這是為甚麼？」韓信說:「置之死地而後生，這也是兵法的一個原則。我所率的兵，大多沒經過嚴格的訓練，只有將他們放在死地，他們才能人自為戰，拼死爭殺，如果把他們放在生地，他們都會逃走，怎能打勝仗呢？」

「背水一戰」，雖然多少帶點「賭」的冒險色彩，但卻成了激勵尚保有企圖心的人最佳座右銘。

## 不可不知 的韓信廟

| 名稱 | 地址 | 電話 |
| --- | --- | --- |
| 1. 新屋八路財神廟 | 桃園縣新屋鄉笨港村埔子頂30之11號 | （03）476-6106 |
| 2. 八里金財神廟 | 台北縣八里鄉下罟村下罟子3鄰17號 | （02）8630-4345 |

## 認識台灣韓信廟

在大陸地區至今各地仍保留多座的韓信祠（廟），不過，其中，還是以韓信故里淮陰的碼頭鎮最廣為人知。碼頭鎮目前有韓信祠、韓信墓、胯下橋、漂母祠、漂母墓、拜將台、釣魚台等遺跡，可供遊客參觀憑弔。

而在台灣地區就找不到主祀韓信爺的廟宇，我們只有在八路財神廟裡找到奉祀的身高七尺的賭神韓信爺，掌帥印的神祇威風凜凜，廟方除了發行有別傳統的「賭聖祖師金」，並提供香客可以擲骰子來祈福財運或明牌。

韓信前鋒官踩雙車狀如三太子

果真帥氣的韓信爺

韓信爺旁還有持麻將、撲克牌的聖手巧手神　　　　　　　八里金財神

　　八路財神廟的這尊韓信爺，除了帥氣之外，更酷的是身旁還有兩尊各持麻將、撲克牌的巧手與聖手，十分古錐！

　　此外，為求速財，大批民眾也相爭撫摸賭神韓信爺的神像繫上寫滿願望的祈福絲帶，希望在目前的經濟不景氣中帶來財運。

　　除了由民俗名嘴曾春榮所創辦的八路財神廟團可以拜到韓信爺之外，在北部沿海公路的八里則有座金財神廟也供奉有韓信爺，該廟並備三座浮字爐、放大鏡，供信徒觀看、領悟「明牌」，也供應「偏財金」讓喜求明牌的香客選購。

　　而威風凜凜的韓信爺，目前在北台灣彷彿已變成專司明牌的神祇，這種轉折是隨著市場的需求、信徒的需要而來的，其實，就個人而言，並沒有太多的感嘆，因為不論是八路財神廟或八里金財神廟，都可以說是香火日盛，只能說這種延續大家樂時期的「瘋明牌」現象，持續數十年不墜，也算是台灣奇蹟之一！

八里金財神的發財金　　　浮字爐可「看」明牌

133

<u>速財神</u>之**五**

# 五顯財神
## 初五接財神

接財神：農曆大年初五

### 五顯財神略傳
## 五方五路・初五接神

有關「五方財神」、「五路行神」、「五顯財神」的傳說相當多，也相當紛岐，莫衷一是的結果，甚至流傳至今，大多數人均混淆不清，而將三者合而為一！

尤其，近幾年來台灣、東南亞地區興起拜財神的風潮之後，只知武財神是趙公明，祂就是「五路財神」的「中路財神」，而為何還會有「五顯財神」、「五路行神」，就顯得更莫衷一是了。

台灣沒有五顯財神廟，我也只在北玄財神宮裡發現一尊「方財神」。而大陸最知名的北京五顯財神廟，早就拆除變成小學，不過，我一直認為台灣盛行在大年初五左右開市接財神，一般相信，這裡所指的「財神」，其實就是「五方財神」，或「五路行神」！

因此，即使找不到真正的五顯財神廟拜，但本書仍特別介紹「五顯財神」，及老北京、老華人的拜財神風采，以饗讀者。

一般來說，不管是五方、五行或五顯財神，應該都是從行

（路）神演變而到財神的。五方財神又名五路神。是江南流行的財神，明代尤其盛行；到清代改為財神。在民間年畫中多有其像。至於起源，有幾種說法，《鑄鼎餘聞》卷四認為是由行神演變來的，出門五路皆得財；另一種說法則指元代有一位「何五路」，禦寇而死，被後人奉為五路財神；還有一種看法是五顯靈官，即華光大帝演變來的。

「五方財神」或「五顯財神」的淵源，一般認為應該始於宋代，當時江南盛行「五聖」信仰，這「五聖」後來又有包括「五顯」、「五通」、「五道」、「五盜」、「五子」、「五路」等名目。在《集說詮真》一書載：「明初，號五顯靈順廟，曰顯聰、顯明、顯正、顯直、顯德。姑蘇方山，香火尤盛，號為五聖。」

歷代傳說中比較可信的一種是出自於五代時的綠林好漢，昔時有五個強盜結義為兄弟，靠打家劫舍發財，後來良心發現，以未能盡侍親孝道為憾，於是找了一位窮途潦倒的老太太奉為母親，讓老太太衣食無缺。從此並聽老太太的話改惡從善，死後被人之祠供奉，因屢顯靈異而香火鼎盛。

而明代盛行拜財神，五通神祀中必有一老嫗，相傳就是這五個強盜的神祠。同時又由於這五位強盜十分富有，又有錢又能做一點善事，於是到了清朝時便被人們當作財神來供奉了。

五顯財神的信仰原來只流行於江西德興婺源一帶，後來諸多因緣際會，反而名震北京城。尤其，老北京廣安門外的五顯財神廟，每逢春節扶老攜幼萬人空巷求財神的盛況，更是令人驚訝。不過，這都已成歷史了，這座五

顯財神廟早已拆除改建為六里橋小學，迄今只剩兩株老槐樹供人憑弔。

迎財神，照說應該在大年初五，但因大家都急著早一點接到財神，所以後來才改為「初四」接神，不料，北京人更急，他們每年正月初二起，天未明，家家戶戶在燒香稟燭祭完增福財神後，就自動自發地群起朝拜廣安門外的五顯財神廟，老的、少的、手裡拿的、車上貼的，全是招財黃紙或紅聯或應景的花綴，聽說以前還會出現一些闊佬乘車臨出城時，從車上「灑錢」讓小額鈔票順風飄舞的奇景呢！這種「灑錢」的動作，他們稱為「散福錢」，而撿到的人自然是「有福錢」，總是造成爭相搶錢的一大奇觀。

除了富買灑錢，最重要的是要進廟「借寶」、「帶福」，所謂「借寶」，並不像台灣的「借發財母錢」，只是向廟方買金銀紙元寶討吉利求財氣而已；而「帶福」則是不論男女都必需買些紅絨蝙蝠形的花插在頭上再回家，稱為「帶福（蝠）還家」。

另一種五路財神的說法，則出自抗倭的何五路，也就是始自「路頭堂」的淵源。

其實「路頭堂」的五路財神原來並不是什麼財神，明朝嘉靖三十二年（一五五三年）無錫抗倭的何五路犧牲後才主祀何五路的。這一年倭寇侵擾無錫，無錫軍民在知縣王其勤的帶領下守城禦寇，民間也組織義勇軍支應。種菜的是「園兵」、打獵的是「弩兵」，燒窯的是「窯兵」，販夫成了「腳兵」，樵夫是「柴兵」，和尚也組成了「僧兵」。這一支義勇軍由何五路、苗子白統率。五月初八，義勇軍出城襲擊倭寇，從西水關乘船殺出，但出了西門，倭寇不見蹤影。這時天下起了大雨，義勇軍衣甲盡濕，正準備收兵返城，忽然間倭寇伏兵四出，何五路率軍匆促應戰。這場惡戰十分激烈，何五路等三十六名義士壯烈犧牲。無錫人民

為了紀念抗倭義士何五路，就在正月初五這天擺「路頭堂」為他上供。

而江浙、福建一帶原本初五都有「路頭堂」請路頭的習俗，有城池的就放在大門東側的牆角邊，擺張供桌，安放一張木刻浮水印的毛邊紙當神靈牌位；而大戶人家也可以設「路頭堂」，只不過就擺在自家門旁，呼請祭祀過路的東南西北神靈。

不知如何演變的，路頭在祭祀過程中被神化，何五路也順勢被尊為財神。或許由於原有兩個財神，一是文財神比干，二是武財神趙公明，而何五路是沒有功名的草民，不能居正廳廟堂，所以路頭神就只能屈居偏財神，也或許是因為設堂必需偏居一隅之故，加上經商非文非武，何五路因此才被商人稱為「偏財神」。

## 無錫接路頭財神

四百多年來，無錫人民一直接路頭、請路頭，除祈求發財外，更有祈求平安的用意，無怪乎有時連民間糾紛都要請出路頭來調解。每年正月初五從五更開始，無錫人就敲鑼放炮仗接路頭了，以爭先得到利市。以後越提越早，擔心遲了「路頭財神」被別人接去。到後來竟有在初四晚上就把路頭接來的。請路頭的初五早餐要吃路頭糕，就是蒸糕時特意留下的糕頭，叫「元寶」。無錫商家對這個土生土長的偏財神特別偏愛，初五這一天要請全體員工喝「路頭酒」。但如果商店裡要解雇店員，店主就在喝「路頭酒」時暗示，暗示的方法是把雞頭對準你的座位。所以就有了「吃雞頭」是丟飯碗的別稱。

請路頭是無錫人的個性化節俗，並

大年初五迎財神

且由節俗演化為一個民間的風俗,這個風俗隨著無錫人的外流,已傳播到閩、台、浙、皖地帶。

## 接五顯財神的迎富法門
# 三桌半

　　武財神聖誕廟會,一般稱為「三月半」;巧合的是在大陸一般商家初五(四)接五路財神時,最隆重的供品也必需是「三桌半」!不過,這種「三桌半」的習俗因為台灣找不到「五顯財神廟」並沒有流傳下來,頗為可惜。

　　惟台灣的公司行號仍保有「接財神」的做法,也許企業老闆可以遵古法接五路財(行)神,說不定更靈驗呢!

　　「接五路」本指接「五路行神」,後來演變成接「五路財神」或「五顯財神」,主要原因乃在初五,又稱破五,商賈開市在即,為討吉利博好彩頭的因素作祟。

　　按說「接五路」是在初五,為什麼又說在初四晚上?原來,初五日是正日,由於大家求利心切,都想自己比人家早一點迎到財神,於是,這時間就一點點提前了,甚至提前到初四的早晨。這樣當然不符合規矩,後來就由長者出面,規定初四日晚上一起行動迎神。初四日下午三點,接五路儀式的準備工作就開始了,直到晚上九、十點鐘結束。

　　先是擺案桌,一般用兩張八仙桌拼起來即可,講究的要三張,外加半張,俗稱「三桌半」。頭桌是果品如柑橘、甘蔗,寓意財路廣闊,生活甜蜜;二桌是糕點,寓意高升、常青;三桌為正席,供全豬、全雞、全魚,並元寶湯等。半桌是飯、麵、菜,一碗路頭飯中插一根大蔥,蔥管內插一株千年紅,寓意興沖沖、年年紅。第三桌上的酒菜須等接上五路財神後方可奉上。接五路

需主人帶上香燭分別到東、西、南、北、中五個方向的財神堂去請接（或直接以香呼請），每接來一路財神，就在門前燃放一串百子炮或環保炮竹。全部接完後，主人和夥計依次向財神禮拜，拜後香過半，將原供桌上的金紙火化，表示恭送財神，儀式才算是結束了。

當然，接完財神才可以正式開張，稱之為「開頭盤」！

「開頭盤」時，古時候大都會刻意接待男賓，象徵貴子帶財，所以通常是老闆親自殷勤招待，並給予極高的優惠，讓第一筆生意真的成交，當然，現代社會講求男女平等，不會再挑男女了，不過，仍相當程度保持了

北玄財神宮的五方財神

「開頭盤」第一筆生意就好彩頭傳統。不過，因為工商社會的演變，目前台灣大都只在店（家）門口擺案祭拜，稱為「新春開市」，頂多請個舞獅、跳跳加官，要如此遵古講究擺「三桌半」，機會已愈來愈渺茫了。

## 「五」的數字意義

在所有數字中，西洋人偏好「七」，而華人最偏好「五」，這都與神聖的創世精神相結合，在《華夏諸神》財神卷中，作者呂威直指「西方有上帝用七天創世的說法，在中國自古也有用神聖數字「七」所表達的神聖創世模式，但數字「七」遠遠不如以數字「五」所表達的創世模式影響力更大。」因為東、南、西、北、中的「五」在華人世界五行圖示中，展現的是一種宇宙圖示，體現的是宇宙時空不斷的連續續性和完整性，同時也象徵神聖創世的完滿與圓滿。

因此，開春第五天迎五方財神，平日拜財神是為了「迎五富」（福、祿、壽、喜、財）、「送五窮」（智窮、學窮、命窮、交窮、路窮），吉祥號碼有「四富五貴」之稱，都將「五」的創世意義融入財富意識之中。

# 準財神

## 灶王爺・地基主・兒童財神・白無常

　　所謂『準財神』，通俗一點說就是「小財神」。包括灶君、地基主和一見發財的白無常，甚至招財童子、利市仙官等兒童財神也都是，而大陸地區有的並把回合二仙也視為準財神，但因台灣的廟宇都不主祀萬回、合和，連陪祀亦相當少，所以本書僅介紹灶君、地基主、白無常、利市仙官等。

　　雖然準財神是小號的財神，不過，我們不諱言，例如灶王爺在廟宇裡祂可以是陪祀神，也可以是關聖帝君並祀的「恩主」，神格位階頗高，這確實是值得深究，惟無論如何為方便編輯敘述，我們仍將司命真君列入本單元。

準財神 之一

# 灶王爺
## 家庭財神主

灶王爺聖誕：農曆十二月廿四日

## 灶君略傳
### 九天司命・迎富送窮

　　在華人社會諸神中，「灶王爺」歷經數千年的時間考驗，迄今仍是最古老、最普遍崇拜的神祇。這是源自中國對火的神聖又神秘祭祀傳統，上至歷朝歷代天子，下至家家戶戶黎民百姓，凡有灶者，均需「祭灶」，也使「灶王爺」成為最深入民間的「財神」了。

　　火，是光明之源，所以人類把「火」視為吉祥的象徵，各宗各教均對「火」不吝的禮讚，甚至有不少宗教或民族都還保留卜火的各種不同的祭儀或科儀，對這種「起源於天，燃燒於地，最後又回歸於天」的神靈，類似拜火教、火把節、迎火神、送火鬼等隆重的祭火禮、拜火祭，可以說數不勝數。同時，火，也能引發災禍，使人類在極度的感恩戴德之餘，並混雜了極度的畏懼情緒，對「火神」、「火精靈」、「火靈」，人，實在是又愛又恨！

　　因為對「火」的敬畏，加上自上古時代開始傳承了炎帝「火神」的概念，散入尋常百姓家的「灶神」，初期幾乎遺傳了所有

火神炎帝的至上正神的功能性，可以說就是個下凡到民間的小號「火神」，除了是一家之主外，同時主宰著家庭的生命財產，因此而被冠予「司命」。

既能「司命」，自然就被民間認定是個兼職財神了。可「灶君」又不是真正的財神，加上歷朝歷代的毀譽變遷，濃濃的禁忌，濃濃的巫風，愈讓「灶神」的地位撲朔迷離；同時，現代工商社會，一方小灶，雖仍存有想像空間，惟瓦斯取代柴火，流理台取代了灶台，一般家庭只注意瓦斯開關等安全性問題，對祭灶、送灶等科儀又彷彿離灶神愈來愈遠了。因此，灶君的地位大不如前，這是時代演化的結果，所以即使大陸著名民俗研究學家楊福泉洋洋灑灑寫下十餘萬字《灶神卷》，為灶、塘證源，仍難以提升「司命」之神格，也只能稱之為『準財神』了。

根據《華夏諸神》之財神卷（呂威編著）記載，最早出現灶神主財的故事見於漢代司馬遷《史記‧孝武本紀》：漢武帝時，有個叫李少君的方士「以祠灶、穀道、卻老方建上。少君言於上曰：祠灶則致物，致物而丹沙（即指水銀）可化為黃金。於是天子始親祠灶。」

由於兩漢時期不但充滿「祠灶致福」的說法，甚至也有「祠灶致富」的傳說，致臘月祭灶之風大為盛行。

這種「祠灶致富」的傳說則來自《搜神記》，該書卷四記載：漢宣帝時，南陽有一個叫陰子方，為人性至孝，積恩好施，喜祀灶。某日他臘日晨炊而灶神形見，子方再拜受慶，以黃羊祀之。自此爾後暴至巨富，田有七百餘頃，子子孫孫三世昌榮不衰。於是灶神除了是小號的火神之外，做為天地、人神之間溝通神祇並兼管家庭財富的信仰，更加深入民心。

所以，古時臘月廿四日祀灶必有《祭灶詩》、《敬灶全書‧灶王經》，也必需頌《灶王府君真經》，才能真正「乞取利市歸來

分」。

　　至於灶君的傳說，由於年代演變，說法自然相當紛歧，原本「上天言好事、下界降吉祥！」的火神，甚至最後竟然演變成「白人罪、告御狀」的貪吃鬼，則純屬意外。

　　漢代時期的「灶君」，唐朝以後民間稱之為「灶王」。灶王爺頭戴禮冠，身著朝服，身旁常有一女像俗稱灶王奶奶，其職司為管理家中婦女。

　　灶君，又稱「灶王」、「灶王爺」、「灶君爺」、「司命天尊」、「九天司命」、「司命真君」，真有其人，傳說其本姓張名禪，字子郭，其妻字卿忌。灶王爺之像多貼於廚房爐灶之上。或專供在小龕內。長年由人供奉，普遍一個月二次，在神像前燒香而已。由於灶王爺生前是一個窮人，而且是一個淪為乞丐的窮人。在他一生中有過休妻、發家、沿門乞討。最後，當他再邂逅前妻時，得到前妻的救助。於是他無地自容，鑽進灶眼，死後被玉皇大帝封為灶神。又稱「九天東廚司命天尊」；主宰著家庭，或家族的生命財產。

　　另一民間傳說則說張禪是為了抽鴉片，才將老婆賣給富商，可貴的是前妻仍然不停的暗中資助，張君後來經不起良心譴責，乃在年節期間投灶眼自殺，無顏再見前妻一面，等到其妻發現時已是大年初三，妻乃將其屍首連同塵草一併收拾埋葬，如此，則形成了部分地方「初三送窮」的風俗習慣，因為他們相信張禪（灶君）是

灶君堂常有靈修者在殿前靜坐

透過「死亡」的中介，順利轉化成「富神」，乃是一種「死而復生」、「人而復神」的再生。

而這種只有送走窮神，才能迎來富神的觀念，則在民間祭灶的習俗裡充分發酵，成為「送窮迎富」最典型的儀式，也只有透過祭灶的儀式（或科儀），人們才能達到求富求福的目的。

所以，長期以來祭灶時除了首先備麥芽糖、甜圓、巧克力之類的糖果，通稱為「糖元寶」，來黏住灶王爺的嘴，免得祂上天稟奏時嚼舌壞事外，同時有些地方也會準備「紙元寶」，掛在紙灶馬（有的用紅燈籠為轎）之旁，送灶時一起將神馬、紙天梯（千張）、紙元寶化火，上海人稱之為「燃富」，有些地方則稱之為「接元寶」或「擂元寶」。

除了用假元寶換真元寶以外，針對送灶、接灶，民間同時也發展出許許多多的風俗，這些風俗也都與財富有關，例如根據《華夏諸神財神卷》的記載：在廣東、浙江人認為在臘月廿四（送灶）與正月初四（接灶）之間的十天，不可打掃或向外倒垃圾，因為他們認為這些污垢並不是真污垢，而是灶神馬（雲馬）所留的糞便，是金銀財寶的象徵，所以這十天必需將這些財寶藏於偏靜之處，稱之為「掃馬糞」聚財，一直到初四當日接神之前才可以一併掃除掉；而南京地區則在除夕夜接灶君回室時，特別放置一塊豆腐，表示自己家裡窮，希望博取灶君的憐憫，多賜些財富；蘇北則有「添筷子」乞錢的風俗，在送灶前先在灶君前多擺一雙筷子，表示今年多添一口人，而希望灶君上天稟報時，次年可以比今年多撥一人的錢糧到自己家裡。

至於其他部分地區將灶君演化為「貪吃」、「好色」、「耳背」、「好賭」或所謂「男不拜月，女不祭灶」、「跳灶王」等傳說，一方面太過偏頗甚或不合時宜，就不再贅述了。

# 灶的禁忌

雖然隨著瓦斯的方便，與工商時的演進，「灶塘」已是愈來愈少了。但只要家裡有廚房、有爐火、有煙囪（仙人柱），就還是一定有灶君。而很多民族都把這個「灶」視為家庭中最至高無上的神域聖地，因此也衍生了許多禁忌。

據《敬灶全書》「灶上避忌」說：「不得用灶火燒香，不得擊灶，不得將刀斧置於灶上，不得在灶前講怪話、發牢騷、哭泣、呼喚、唱歌，不得在灶前小便、吐唾沫，不得在灶前赤身露體，月經未完的婦女不得經過灶前，披頭散髮者不得燒飯做菜，不得將污穢之物送入灶內燃燒。」

此外，部分民族甚至禁止跨越灶塘、以腳伸向火塘烤火，也不准把水倒入灶塘中等，這都是因為深信「灶」是神靈和家庭財運的象徵，灶王爺不但有鎮鬼趨邪能力，更有招財進寶的神力。

# 台灣知名灶君廟

台灣最知名的灶君廟，當推位於新竹縣五指山的「灶君堂」，該堂一度稱為雲光寺，俗稱「上齋堂」，創建於民國前一年，歷經三度重修，並增建磐谷廟連成一氣而有今日之規模，主祀除灶君爺以外，還配祀神農大帝、倉頡先

台灣知名的灶君堂

灶君堂正殿的司命真君

師及太陽、太陰星君，每逢農曆八月三日灶君聖誕，山上膜拜民眾絡繹不絕，非常熱鬧，廟方通常都會在十天前開始免費供應客家點心及膳食，也可供食宿，是香火鼎盛，極其罕見的寺廟。

說到「灶君」，也許由於五指山的灶君堂太過知名，造成台灣很多信眾誤以為該堂是唯一主祀灶王爺的廟宇，其實在宜蘭縣五結鄉三興村則有另一座灶君廟，該廟同時也是三興地區的信仰中心，每年臘月廿二日開始都會有盛大的祭典，甚至豎燈篙辦理各種法會，也是灶君信眾不可不到的廟宇。

主祀灶君的廟宇雖然不多，但陪祀的廟宇就不少了，包括知名的鹽水武廟、部分的三山國王廟，有心的信眾若稍加注意都會發現司命天尊（真君）的神跡。

較令人驚訝的是，我們發現九天司命真君也是俗稱的「恩

灶君堂曾名「雲光寺」

灶君堂常有靈修在殿前靜坐、靈動

主」，通常都與關聖帝君並祀，神格頗高，例如大溪普濟堂、苗栗玉清宮、鹽水南天宮的司命真君與關聖帝君、孚佑仙祖並稱「三聖恩主」；龍潭有名的南天宮則是九天司命、關聖帝君並祀，另外二水鄉相當聞名的「鸞堂」（即「贊修宮」，又稱文武聖廟），其將其與關聖帝君、呂仙祖、岳飛、天上君並列為「五聖恩主」，而不是單純的灶君，是台灣祭祀灶王爺較為罕見的廟宇。

　　贊修宮民初建於淡水三芝鄉，後因日據時代戰亂，遷建於該庄，崇祀至聖先師孔子及五聖恩主「關聖帝、司命灶君、呂仙祖、岳飛、天上君」，後又配祀開台聖祖國姓爺延平郡王鄭成功。

## 不可不知的灶君廟

| 名稱 | 地址 | 電話 |
|---|---|---|
| 1. 灶君堂 | 新竹縣北埔鄉外坪村8鄰11號 | （035）802-049 |
| 2. 普濟堂 | 桃園縣大溪鎮普濟路34號 | （03）388-2054 |
| 3. 玉清宮 | 苗栗市玉清里坡塘下1號 | |
| 4. 贊修宮 | 二水鄉二水村文昌路16號 | |
| 5. 灶君廟 | 宜蘭縣五結鄉三興村三結東路14號 | （03）950-6868 |

準財神之二

# 地基主
## 最基本的財主神

祭地基主：農曆端午、中元、冬至

### 地基主略傳
## 小土地神・大大有用

很多人知道有「地基主」（或稱「地祇主」），但卻一直謬認其為「陰神」，至於能將「地基主」視為財神的當然就更少了。其實，「地基主」是家家戶戶最基本的守護神，原和土地公、境主公一樣都是屬於自然神，也是當地土地公派駐在家戶的土地「小財神」，若認為其屬陰，那豈不是每戶人家都屬「陰宅」了嗎？所以，正確的觀念應該是將「地基主」視為小號的土地神，自然就可以視為「財神」了。

「地基主」的來源，一般認為是漢人傳承自黃河一帶（河南光州）的古殷商時期「天神」、「地祇」、「人鬼」（祖先亡靈）的三元宗教信仰自然傳承，即使時代已經漫長的推衍了數千年，

奮起湖百年土地公廟旁的地基主廟

148

但仍和我們目前民間信仰的「神明、地祇主、祖先公媽」，其實是如出一轍的。較特別的是，在台灣有部分少數民族（如平埔族）則將「地基主」與「阿立祖」劃上等號，這可能是他們認為「地基主」與「阿立祖」都是這塊土地的先民和守護神，才有這種看法。

香港店家外的地基財神

　　總之，無論如何我們通稱的「地基主」，指的是房屋的先住者或原地主，而祂的名稱相當多，包括「地祇主」、「開基主」、「宅神」、「地靈」或「地龍公」等名稱，信眾通常沒有供奉神位或神像。

　　「地基主」是閩南、台港地區特有的神，只不過在時代的演變中賦予太多的靈魂靈異，在台灣總被誤為是「陰神」，往往得不到應有的尊重（動土奠基例外），甚至在香港還常常被視為「瘟神」，其主要原因乃港人認為房子的原地主在開拓建設住宅後，有的不幸被他人侵掠霸佔；有的轉讓他人，因此怨靈會陰魂不散，並停留在其生前所居住的屋內，如果不加以祭祀便會成為無嗣孤魂，對後來的現居住者作祟，容易造成家庭不睦、身體不適、事業不順等種種不幸的事情。

　　所以，為了避免地基主的作祟，台、港人士會於每月的初一、十五或初二、十六作牙時（祭拜土地公），另拜地基主，或在搬新厝（特別是搬入曾經有人居住過的房子）、安神位及年節如清明、中元、冬至、尾牙、除夕時都要在過午後祭拜地基主。

　　值得注意的是，香港的生意人格外注重「地基主」，幾乎每家店面都會在地上立有小神龕或牌位，並尊為「地基財神」，每日奉茶、奉酒、奉牲禮菜飯！這種特殊的祭祀情形，甚至在台北諸多港式燒臘店也可以看得到。

地基主廟內是沒有神像的

阿里山公路旁土地公廟也有這樣的地基主小廟

「地基主」，一般並沒有供奉神位或神像，民眾祭拜時只要在房屋的前門或後門擺設供品，向屋內祭拜即可。由於是屬於家戶祭拜之神，所以很少人知道有「地基主」廟，而在台灣則很難得的發現有兩座「地基主」小廟，一是在台南市知名的北極殿的後殿，供奉有「地基主」神位；另一處則在嘉義阿里山鐵路奮起湖車站旁的百年土地公廟，廟側也有座迷你但古樸的「地基主」廟，這座小廟在網路上很多人宣稱是台灣唯一的地基主廟，其實就我的探訪，在嘉義縣番路、竹崎一帶，土地公廟旁再立地基主小廟應該還很多，這可能與當地的立祠民俗有關，我就在阿里山公路的龍頭路段，也發現一座更為現代的地基主小廟，那些強調「唯一」的文章，自然不攻自破。

# 動土奠基　一定要拜地基主

一般相信土地有其土地神，因此在建造或整修房子而必須動工挖土時，為防患觸怒土地神，因此在動土開工前，必要參考農民曆，選擇適宜動土的吉日良時，並在動土當日祭拜土地神，「照會」一下以祈求順利平安。而這裡所拜的土地神，通常都包括地土地公與在地的地基主。

除祭拜土地神外，特別是建築業者也會為祈求技術工程順利，有些人並會祭拜工程的祖師爺—魯班至聖先師。

　　許多大型工程都會先祭拜土地公後，才會接著舉行奠基儀式。奠基儀式是在工程的土地上砌一土堆，土堆上立一奠基牌，參加奠基典禮的人士將綁有紅綵帶的圓鍬插入土堆，做鋤土、堆土的動作，象徵正式動工。隨後用槌頭在工地的東南西北方敲幾下，象徵開工。動土典禮結束後，並於當日下午（午后）另行在工地上祭拜地基主。

# 如何拜「地基主」

　　台灣拜「地基主」風氣還算盛行，至於如何拜？為何拜？就頗為茫然。閩南的漢移民把「地基主」當成祖先，矮小的供桌擺在廚房或後門朝內拜，其最主要的淵源據耆老表示，乃是來自漢族與平埔族的通婚文化。

　　據說，平埔族祭祀的神祇一律沒有偶像，全部予以「隱形化」，而最初來自閩南男性移民，有不少人和母系社會的平埔族姑娘通婚，依中原慣例乃屬「入贅」，即使百年過後神主牌位仍不能與女方祖先並列於大廳，那就只好屈就於「廚房」了。

　　另一說則是指平埔族姑娘嫁給漢人後，仍保有母系社會祭祖的主導權，除了祭祀廳頭的漢人先祖之後，為了不背祖，乃仿照漢人拜神的習性，而把平埔族祖先守護神移至廚房祭拜，形成拜「番仔祖」的特殊現象，也因此沒有任何神像、牌位或文字了。

　　至於其他將「地基主」視為正神的漢人，則將小供桌擺

安龍神也是拜地基主的一種

在前門入口三尺處，香爐朝內拜。主要原因乃在於諸多神祇造訪家戶時，必先經過當地土地公帶路，諸神行至前門由門神迎接後，才能進入大（客）廳，而諸神一入廳，當刻「地基主」就必需在距戶檻三尺處起身恭迎。一

## 完全古禮拜「地基主」

一般遷入新居或是工地動工，必須事先祭拜地基主，以祈施工及居住平安順利。坊間祭拜方法有多種，最正統的祭拜禮儀，大都用在新居遷入與工程動工時：

### 一、 備品

1. 金紙：刈金12支、福金1支。
2. 菜碗：六、八或十二碗（須雙數，經過鍋炒，最好有雞腿）。
3. 水果一份（最好備鳳梨，綁上紅絲帶）。
4. 米酒一瓶、酒杯一或三個。
5. 白飯一碗、筷子一雙（免洗筷子須拆開）。
6. 紅蠟燭一對。
7. 筊杯一副（或銅幣兩枚）。

### 二、 拜桌擺法

在家前門入口三尺處，以一般矮桌子，不要太高，將福金橫擺在桌面的上緣供插香之用，再將酒杯擺在福金的下方，將菜碗依序排列，再將白飯擺在菜碗下方，筷子擺在白飯右方，紙錢覓空位排放(不須分左右)。

### 三、 拜地基主之方式

拜請本基地地基主，弟子○○○(或信女○○○)今日良時吉日，敬備菜碗、美酒、金銀財寶，恭請您到台前來坐位，如果已到台前坐位請給聖杯一杯證明(如無聖杯依上述方法邀請，直到聖杯為止)。

若有聖杯則予以斟酒，斟酒後詳細說明祭拜原由，如遷居、動土、裝潢、開工等，如有打擾或不週延之處，祈請見諒，並能在日後保佑本宅男女老幼在家身體健康、出外平安順利。半柱香後弟子○○○(或信女○○○)將會焚燒金銀財寶，請

般相信，正神必走正（大）道，一定是從大門進、大門出，絕對不會從廚房後門進出，因此也有人批判在後門擺供桌，拜的其實不是正神「地基主」，而是「客兄公」的另類說法。

到本境土地公福德正神處收領(將香插在福金上)。

　　半柱香後復求杯，詢問地基主歡喜收領指示聖杯三杯。獲三杯聖杯後，拿起紙錢及插香的福金到屋外空地處焚燒紙錢。(先燒福金，並向本境土地公稟報：拜請本境土地公，弟子〇〇〇(或信女〇〇〇)現在所焚燒的金銀財寶，係獻給xxxxx(報地址)的地基主，請土地公伯轉交，獻上福金一支，請收納。後燒刈金，焚燒完畢後，取出敬酒，將焚燒的紙錢圈起，中央倒一點酒做記號。

## 平日祭拜

一、宗旨：地基守護神，叩謝其神恩。
二、供品：小三牲一份（或菜碗與雞腿）、應節禮品一份、飯一碗、筷子一雙、酒一或三杯。
三、金紙：福金、刈金。
四、祭拜地點：客廳前門入門三尺處向內祭拜。
五、祭拜時辰：下午一時以後（祭拜處需開燈）。
六、祭拜日期：春節或除夕、清明、端午、中元、中秋、冬至、尾牙。
七、疏文：祭拜地基主、焚香三柱、口唸疏文「弟子〇〇〇(或信女〇〇〇)，今吉日良辰敬備供品〇〇〇，恭請陽宅住址xxxxx地基神明，上座請享用，並祈地基主保佑闔家平安。」 祭拜時間以半柱香為基準。

備註：以前的民間傳統，總將「地基主」視為陰神，加上通常是拜完土地公再拜地基主，為節省開銷，常常用祭拜完土地公或公媽之供品再供之，這對「自己的小財神」，經年累月盡忠職守之地基神明，實在有違誠摯供奉之意，所以奉勸地基財神所有信眾仍以單獨備品正奉為宜。

準財神之三

# 兒童財神
## 利市仙官、招財童子

### 仙官略傳
### 財神先鋒‧迎賓迎富

　　宗教信仰中，有一種相當特殊的情形是兒童崇拜。這種古老的信仰，來源不可考，但一般相信是植基於我們認為在兒童身上存留著某種神性，所以，三太子可以法力無邊、觀音左右脅侍必需有善財童子、龍女；而在財神信仰中，也有如此的情形，五路財神旁的利市仙官、招財童子即是一例，甚至，連知名的劉海蟾及和合財神，也常常是以兒童財神的童子相現身。

　　在民間的財神信仰中，「利市仙官」與「招財童子」因具有兒童形象，往往只是一個配角，也就因為祂們被置於財神兩側，或位於廟庭之外迎賓之用，很少被單獨祭拜，因此有人就認為祂應該是名符其實的「偏」財神。不過，個人倒認為和人一樣，兒童乃未來的主人翁，應該將利市仙官、招財童子之類的具有「兒童財神」形象的神祇稱為「準財神」較符合一般信仰。

　　利市仙官，原本無名無姓無神偶，只是起源於宋元時期市井階級的口語傳播而已！根據呂威著的《華夏諸

金山財神廟的招財
童子掌財寶袋

神—財神卷》中記載，「利市」語出《周易》·《說卦上》云：「為近利，市三倍。」乃衍生後來「利市三倍」的商用成語；而「仙官」則是出自道教典籍，《道門經法相承次第》云：「上士得道，升為仙官。」只是後來約宋元時代，「仙官」一詞乃專指利市財神。直至《封神演義》流傳，到了明朝，「利市仙官」才有了真正世俗的姓名，一說是姚邇益、一說是姚少司，並獨立祭祀神偶升格為五路五財神之一，甚至有的廟宇為討好財神，還配祀了「利市婆官」，做為仙官之夫人。「利市仙官」遂成為民間祭祀的財神。

子童財招

八里五福宮外的招財童子

　　至於「招財童子」是否就是觀音菩薩之左脅侍「善財童子」所轉化而成，迄今未有定論。不過，從佛教東傳二、三千年的時間算起，善財視財富為空，發誓行成佛，先後參見文殊菩薩、功德雲和尚、彌伽長者，歷經比丘、長者、菩薩、婆羅門、仙人等五十三名名師善知識加持，最後終於通過考驗遇見普賢菩薩實現成佛行願，並被觀音教化納為左脅侍，「善財五十三參」的即身成佛的譯經故事至少也流傳上千年來看，宋元時代才興起的財神信仰，取材自佛教的「善財童子」轉入道教的財神譜中就不是件不可能的事了。

　　姑且不論「利市仙官」、「招財童子」的來源有多複雜，在台灣這兩尊兒童財神可是相當超人氣的，幾乎所有財神廟都會陪祀，甚至有的神財可以沒有虎爺，也一定會有利市仙官、招財童子。其中，較特殊的是金山財神廟將鎮廟三寶之一的「財寶袋」交由這尊兒童財神掌理賜財，每日求財寶袋的香客絡繹不絕；而八里五路財神廟則擁有全台最大的石雕像，一對總是帶著童稚笑顏的神偶，風雨無阻的立於廟埕迎賓，並供信眾撫摩求財，是其他廟宇較罕見的。

### 準財神之四

# 白無常
## 一見生財的財庫官

### 白無常略傳
## 冥府財庫·喜神祝福

人生無常，所以才更需要惜緣惜福。

什麼力量最大？有時候我們常常說，「無錢萬萬不能」，自以為有錢能使鬼推磨，因此總會汲汲營求財富。不過，「無常鬼」散財的傳奇故事，則告訴我們在歷經人世各種折磨之後，悲劇的力量反而是最大的，由悲裡生愛、由悲裡賜愛，也許你就不會把錢看得如此之重，也許你就會懂得散財，懂得當別人的財神、當別人的喜神，也會是一種無上的快樂，就像白無常一樣。

「生無常，死有分。」通常黑白無常被定義為城

陰爺勾魂使者，夢到或遇到黑白無常即表示陽壽將終了，不過，除了勾魂之外，更奇特的是，無常鬼卻也常常以財神自居，只要懂得乞討的巧妙法門，往往能獲得意外之財，其中，民間又以白無常的傳說為多，也因此在「鬼財神」的部分都偏向描述白無常，而使高高瘦瘦的白無常較受到民間歡迎！

據《京華春夢錄》載：「元旦黎明，攜帕友走喜方神，謂遇得喜神，則能致一歲康寧。而能遇見白無常者，向其乞得寸物，歸必財源大辟。」

一般所見廟裡的白無常，總是吐著又紅又長的舌頭，這付索命鬼的模樣，不僅讓幼童驚懼，也讓成人有卻步之感，除了高白長帽那「一見生財」四個大字，引人暇想之外，實在絲毫沒有「喜神」應長的樣子。

不過，在各大廟會或戲台子上的白無常，感覺就完全不一樣了，身穿白色大褂，腳踏草鞋，

都城隍廟裡的白無常

頭戴白無常高帽，項掛紙錠元寶，手搖破芭蕉扇，臉上掛著有點詭異又帶點詼諧的笑靨，完全展現了祂平易近人的一面，這時，祂那高白長帽的「一見生財」（或「見吾生財」、「天下太平」、「一見太平」），就顯得更惹人憐愛了，而民間最歡迎的乃在於祂對弱者的同情，祂時常勾魂網開一面，受不了冤者苦苦哀求而讓其「還陽半刻」；和他能為窮人帶來財運，只要你膽子夠大，遇見白無常時，你同祂打手勢、扮鬼臉，祂也會同你打手勢、扮鬼臉，你朝祂丟磚頭或瀾泥，祂則會回你頸部的金元寶、銀元寶，一直到整串整串的元寶錠散盡了，祂才唉聲嘆氣的走開。

由於白無常的戲謔、詼諧形象，也讓其成為最平民化、最富人情味的喜神。

關聖帝君前的無常將軍相當罕見

## 台灣城隍廟白無常

台灣除了新竹縣之外，各縣市幾乎都設有城隍廟，總共九十五座，其中官建十二座，宜蘭縣城隍廟則是唯一一座官民合建的城隍廟。而大部分城隍廟均分靈自福建省，以

同安霞海、晉江石獅城、安溪、福州為四大支。值得注意的是聞名國際的台灣三級古蹟新竹都城隍廟，則是目前台灣地區位階（封威靈公）最高、而且是本土的日審陽、夜審陰的城隍爺，而該廟獨特的「脫枷」除罪遊行，則因相當富有中國式告解的特色，頗受民間信眾歡迎。

都城隍廟白無常外貼有警世語

台灣城隍廟雖然多，但並無單一主祀黑白無常的無常廟。通常這是因為「無常」只是城隍爺的官將首，因此只陪祀在各個城隍廟中，下次如果你到城隍廟拜拜祭解時，可別忘了要多多拜拜無常財神，特別向祂虔誠乞願，肯定能助你轉出悲苦、轉入祝福。

而黑白無常隨侍城隍，就好比千里眼、順風耳一直守候在媽祖婆身邊一樣，不過，凡事總有例外，我們就在台南祀典武廟意外發現，全台關廟之首的關聖帝君旁竟也陪祀黑白無常，相當罕見。由於造訪時適逢農曆七月，是否因為配合開鬼門等祭儀才有黑白無常，當時忘了問，迄今仍不得其解。

# 發現財神

窮算命、富燒香。

信神，別信什麼巫人！

從神的感應中發現靈驗，

也發現自助、天助、神助的體驗，一向是我切身的經驗。

# 下卷

## 求財品的私房經驗

# 求財器

　　我常說：「人字只有兩撇，寫的時候很簡單，但衍生的不當因子卻太多了」。所以，欲財詐騙之大師，有之；假神道之名騙色共修之大師有之；藉神意誤人子弟之大師，更有之！致使台灣的宗教信仰、宮壇文化，因部分不肖分子做奸犯科，而屢屢讓人有不信任感。

　　不過，要信神，排除「人」或「神媒」的溝通媒介，總要有適合、適當、適用的「信物」，做為人、神之間的互動橋樑，除了因襲數百、數千年的香火袋、供香、讖詩、金紙、竹笅以外，這時器皿就成了一定要的必備品，尤其，求財神、聚財氣，在心存正道、正念之後，自己就非得有一套專屬的「求財器」了！

# 求財器之
# 迎富送窮

## 新時代、新財神、新財器

　　時代在進步，關聖帝君的赤兔馬總不能只維持在時速五十公里，因應現代信眾的需求，赤兔馬最好能加上Turbo，甚至化身成超音速磁浮馬；同樣的，佛道教執事者總不能頑固的堅持信眾求神拜佛，持老掉牙的線香、燒阿公阿媽流傳下來的三色金、脖子上掛個塑膠製的香火袋。信仰，是超越時間與空間的；神，是古老的神，不過，只要教忠教孝的精髓長存，人、神之間互動的信物、器皿，是可以與時俱進的，這是我的拜神觀。

求財器之

# 迎富送窮

## 一、福袋（香火袋）

台灣很多人都有這種經驗，在小時候可能是因為脾氣差、動不動生病歹腰飼，而被父母親硬拖到庄頭大廟，也許是拜媽祖婆、也許是拜王爺公、也許是拜關聖帝君當義父母，即俗稱的「收契子」，備妥三牲素果後，父母乞筊喃喃自語說明原委，擲筊，即使沒擲到聖筊，無論如何還是一擲再擲，改變說詞、改變各式各樣可能想到的說法，總要擲到聖筊方才心甘情願。而在允筊之後，廟方的執事人員總會為「契子」在脖子上掛個香火袋，並殷殷囑咐每年要回來一次「換串」，一直到十六歲（或十八歲）成年禮，如此才完成整個人與神之間的認證手續。

而在掛上香火袋之前，最重要的步驟，就是將香火袋再一次順時鐘過爐加持。

這個香火袋通常是紅色塑膠或紅色布絨外觀，內藏有過爐加持後的金紙，再加上少許香灰後摺成一小張塞入的壽金，可當做小孩隨身之物，也是神明保佑孩童平安長大的「信物」。

當然，如果另有其他需要者，例如行車平安、消災解厄、考試順利等等，也都可以比照這樣的模式求得一只香火袋。

這種沿襲數千年的民俗傳統，這只流傳數千年的香火袋，其精髓並沒有因時代的演進而褪色，反而在多樣化的訴求，益形精

緻與華麗。尤其，在拜財神的領域中，包括財寶袋、五色袋、五福袋、五行袋、轉運錢寶袋等福袋型的隨身隨緣信物更是散見各大廟宇。

## 財寶袋

強調各廟主祀財神之神威無限，可招正財、進偏財、納速財。福袋通常內置壽金紙加香灰摺成的，有的則是以財符摺成小八卦，或直接置入五路財神催財符（蓋廟印或神印）。

## 五路財神保富福袋

強調五路武財神掌民間正五路財，若得神助自然保天道正財。福袋內置一公分立方之五色方財石及五路財神福符，加持後藉純玉石的靈動磁場助勤奮上進之人能廣進「五方正財」。這五方五路正財即為：北－黑－木化石、東－綠－綠翡翠、中－黃－老黃玉、南－紅－紅翡翠、西－白－白玉髓。

## 彌勒財神轉運寶袋

在鶯歌的善財金庫則有較罕見的「彌勒財神轉運寶袋」，分為「一六八」一路發黃金袋、「八八」大發黃金袋、「六六」大順黃金袋，在

以三對聖筊乞筊後，依序獲得。內置一百六十八、八十八、六十六元現金做為轉運錢，除「一六八黃金寶袋」百元鈔存入銀行戶頭，留下二元做母錢以外，每次遇生意或財運轉折處，都可使用二十二元（象徵二頭二尾：利頭利尾）摻雜在自己的支付款中轉運。

## 私房經驗

　　無論任何一種寶袋、福袋，記住在帶回之前都應在大廟順時鐘過爐加持三圈。每一種都可以隨身，不然就掛在皮包處、收銀機旁，或一入門的財位上（擺置的地方愈乾淨愈好，避免磁波干擾，應盡量遠離電器品），以達到招財進財的效果。
　　值得注意的是，若是以壽金紙加香灰做成的福袋、香火袋，如果壽金紙還能加蓋廟印、或神印，就更完美了。
　　廟宇的寶袋、福袋，大致上都是隨緣品，乞求方式差不多，上香、報姓名、住址、職業、生辰、說明求寶袋原委後即可擲筊，聖筊允得後功德箱自由隨喜；較特殊的是上述的彌勒財神轉運寶袋，還需另以一份金紙啟動，添油香錢自然就不能少了！

# 二、香

　　香，在中國自古以來就是皇族貴冑、富商巨賈、甚至是大家閨秀們在日常生活之中不可或缺的一部份，也由於佛道的演變而成為禮敬天地諸神的最佳媒介，所以幾乎在任何降神儀式中，最不可或缺的靈物就是「香」。

　　近年來，隨著宗教信仰的精緻化，禮佛、打坐、參禪、品茗的盛行，不但各式

藏傳香業、美容解壓的薰香皆生氣蓬勃，佛道的線香、檀香、小盤香、排香、壽香、環香、臥香、香塔，也都有了很大的改變，尤其，在材質上更是精益求精。最讓本人訝異的是，在日本我曾發現一種罕見的「黃金香」、「奈米香」，製作之精美真是讓人驚艷、驚嘆！

但，「香」究竟起源於何時？又有何傳奇？當然因年代久遠而莫衷一是了。據傳：佛祖釋迦牟尼講道時，由於天氣悶熱，信徒在樹蔭下微風輕吹的季節裡，邊聽邊打瞌睡，加上臭汗淋漓，體臭難聞，實在失禮，有位弟子突發奇想，找來一些有香味的木材，切成小條狀，置於容器內焚燒，藉香味提振精神，去除汗臭、體臭，「焚香」之雛形於焉產生了。

其實中國在悠遠的上古時期，老早就有焚香以降禮的祭禮儀式，祭拜時，沒酒、沒肉還無所謂，「香」絕對不可缺，《尚書》就這麼記載著：「至治馨香，感于神明。」可見「香」做為人神溝通媒介的重要性了。

而台灣因賣香而致富聞名的人相當多，例如最有名的台南百年香業的「玉芳製香」，甚至連知名藝人李登財也因投入神佛服

## 認識線香

線香，是佛道信仰中祈神拜拜最常使用的香，直徑約在零點二公分以上。線香雖名為「線」，卻是以竹篾為心（一般稱為香腳），外沾香粉製造而成。

台灣地區常見的線香，共分黃、紅、黑三色，黃色或紅色的香，可用來祀神祭祖及其他各種喜慶場所，最受歡迎，黑色則以祭鬼、祭陰神為主。線香長短不一，從三尺五分到二尺二寸都，有二尺以下的都為家庭祭祀用的香、寺廟大都用二尺以上的香。

務行列，而推出自創品牌的「神佛正傳」
系列香品。

## 迎富香

百年製香專業傳承，終於找到財神最
愛的香煙！純天然的梵香──正白檀香招
財神香！

## 加智香

薰香繚繞助你禪定二十分鐘，離神很
近與自我更貼近，如能頓悟智慧開，懂得
抉擇必能把握良機搶得機先！

## 大淨香

得天地正神正氣－純淨空間、入睡安
穩；見心性、打坐心神寧。適合出外旅
遊、居家淨室。

## 私房經驗

【私房經驗】不管是在寺廟購得香，或是市面上的一般香品，有空我都會拿到大
廟過爐加持後再使用，過爐加持，對來說是一定要的。尤其是招財神用的迎富
香，廟前或神案前，除了一般的線香禮敬之外，通常我都還會自備小香盤，點上
一枝「迎富香」供神。

而外出時，許多朋友常有被鬼壓床的經驗，通常我都會建議帶盒過爐後的「大淨
香」隨身，點香後當天呼請神明淨室；據朋友表示，效果確實不錯。

對於「大智香」的效果，我雖然較少參禪打坐，用的機會不多，但給小孩閱讀
時，或夫妻倆難得抽空品茗聽音樂時，薰香裊裊，感覺相當輕鬆自在。

# 三、金紙

金銀紙乃神界貨幣，也是民間祭祀神靈不可或缺的東西。通常有人認為焚燒各種金紙祭祀神明，是一種「賄賂」，以期獲得神祇的保佑或賜福，但這種「賄賂」如果無效，恐怕也不會行之數千年。因此，個人反倒認為「金銀紙」其實更像是「車馬費」，託人辦事總不能空口白話，麻煩神祇代勞，同樣總也不能光說不練，就像供花、供果、供酒一般，只要心誠就沒有什麼賄不賄賂的問題。

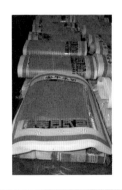

當然，在符合環保觀念的前提下，使用環保金紙或集中化火則是一定的趨勢。

而金紙的使用與種類，也常常因天界諸神神格、地位之不同，而在使用上不相同，正神方面有天（公）金、盆金、頂極金、壽金、大小箔金、太極金、福金、刈金、中金、九金、高錢、甲馬等等；祖靈陰祇方面則有大小銀紙、庫錢、外庫錢、經衣、五色紙

## 迎富金帛

由善財金庫向彌勒財神請准發行之「迎富金帛」，象徵財神手托之寶袋，內附有「補庫財車、龍鳳發財金、聚寶迎富金、五櫃五富金、天金、大百壽金、高錢等」，外附「卦金、壽金、土地公金、天地水庫金」，及一張疏文供使用者填好資料、再捺印個人指紋，可於住家門前或最近土地公廟燒化，請回「迎富金帛」有如財神爺「揹金」回家門之說。

等。（詳細使用分類可上各大相關網站查閱，或上www.god-bank.com.tw查詢）

近幾年來由於拜財神風行草偃，各大財神廟並發展出一套分類更複雜、功能更完備的發財金紙，並俟各廟主祀神祇之不同有不同的使用方法。例如：以發明金紙而名噪全台的八路財神廟曾春榮老師即有多款新時代的新金紙，拜武財神用八路發財金、拜文財神（文昌帝君）有狀元金、拜魯班有魯班金、拜天蓬元帥有招財金、另有合和金、地基主金、太歲金、龍鳳平安金等等，甚至民間補財庫方面則量身訂做有路頭金、五路家運金等，將金紙文化的功能性再進一步細分。

其次，各大文武財神廟最通俗的是所謂的「發財金」，內含四色金（即壽金、福金、高錢、甲馬），並有一張疏文，共使用者填具資料用的。大溪善財金庫有彌勒財神勒令自創的「迎富金帛」，八里金財神廟則有「偏財金」，是台灣較罕見的發財金紙。

私房經驗

前往各財神廟膜拜，我幾乎都會向櫃檯購買一份約三百元的發財金，填完疏文，總不會忘了以左手拇指加蓋認證指紋，至於更高貴點的「補財庫金」，則只有在參加法會時，我才會供神。

對我而言，「錢夠用」就可以了，我也相信只要有誠心，並不一定每次都得花大筆大筆錢購買各式各樣的金紙供神，如果雙手不動、雙腳不行，再多的金錢「賄賂」，神明恐怕也沒辦法。

# 四、錢水（黃金水）

「錢」、「水」、「錢水」，不知道從麼時候開始的，「水帶財」、「遇水則發」變成了民間最通俗的俚語。而把「錢」說成「水」，其實是確有其事的，在中國大陸「荊都」地區的人就是如此，他們通常口不言錢，言必稱水。

華人對錢總顯得有些羞澀。所以，長久下來不大敢堂而皇之拜財神，總要曲曲折折規避這個「錢」字、「財」字。例如讀書人硬要把稿酬叫做潤筆；吃了別人的，滿嘴油光光，不說讓你花錢，偏要說讓你破費了。似乎儘量避著那個「錢」字，就沒了銅臭味，顯得較風度了。

但華人是否就不喜歡錢呢？顯然不是，只是不太願意放在嘴上說而已。

「水」，乃萬物之源、百藥之王！在佛道教的諸多儀式中，都需要加持點化或結印誦咒過的「甘露」淨儀，是為「吉祥水」、「楊

## 招財茶

據我親身經驗，很多廟都有招財茶的限時限量提供，有的要擲筊，有的則可向廟方套交情飲一杯；招財茶亦是「錢水」的轉化。例如台中的廣天宮就每日限量十杯，要擲了聖筊才可喝「發財茶」，而金山財神廟則在每日下午約三時奉茶後，香客可向廟方索取換下的舊供茶。

另外，目前也有業者新開發的招財錢水，內附水晶五寶石、招財寶咒、開光財符，在過爐加持後具有剋洩哀絕、造化行運、天官賜福、趨吉避凶、催引財貴神人及護宅吉祥的作用。

## 私房經驗

　　台灣社會由於生活愈來愈富裕，正流行各種溫泉浴、牛奶浴、香草浴、檜木精油浴，業者抓對消費者的口味，不但強調淨身、更強調養生，在大量廣告的催化下，於是各個溫泉飯店、SPA店，莫不顧客盈盈。

　　我一貫認為有健康的身體，才能有長久的財富。本書所介紹的黃金水，是奈米科技產物，其實是衛生署核可的食品添加劑，可供添加在酒、蛋糕，甚至化妝品上，應用範圍相當廣泛。不過，我私下卻喜歡做為「黃金浴」的原料，幾小瓶在大廟過爐後，回家滴個半瓶泡澡，一邊泡一邊看全身黃金流動，用黃金水拍拍運堂，不但浴後神清氣盛，連肌膚都有活絡的作用呢！同時，將黃金液加入真的各類酒裡，自製成「黃金酒」飲用，搖晃後約一、二天，喝起來就更甘醇了。

　　而錢水，則是單純的淨身、淨室之用。我前往各大財神廟，尤其是武將型財神廟，或滴水觀音廟、大里慶雲宮天公廟，總會自帶方便的容器裝些「錢水」（大里慶雲宮稱「龍泉」），過爐後帶回家，有時摻雜淨身，有時淨室，相當好用。

　　經過過爐持咒後的水，確實有避邪趨吉的妙用，要注意的是這些泉水、錢水，因各廟山靈水秀，雖然大多是可飲用的，但基於衛生考量，個人幾乎不直接飲用，仍建議讀者若要飲用，至少加熱沸騰一下了！

柳水」、「清淨水」的由來。

　　「水」，既然能淨儀，當然民間俗信其可招財了。因此，在各類宗教上取泉水、賣泉水、浴佛淨身之例比比皆是。

## 黃金水

　　由業者設計的九九九九金磚黃金財水，擁有衛生署黃金衛添製字第○○一五九八號。經現代高科技奈米『磊金化』技術處理，將黃金超微粒化純水真空無菌封存。

　　加持過的黃金財水，可置放於公司、家中、或隨身攜帶，每

天虔敬搖動數次，讓代表財氣的璀璨金華隨時空流轉，讓求財的運勢發動起來、保富的磁場強化起來。

現代人皆知人體如能適度攝取微量金屬元素，會好健康、好美麗，可滴數滴「九九九九金磚黃金財水」於飲用水中適量攝取，亦可塗抹按摩於皮膚上吸收，全身由內而外從頭到腳散發靈氣聚財。

# 五、財燈

各式宗教對「火」都相當崇敬，從奧運聖火傳遍五大洲舉世皆歡迎即可窺堂奧，人類對火的信仰也因此衍義出對「燈」的信賴。

燈，在佛經中常常用來比喻為智慧、化暗為明的象徵，能照破眾生愚闇無明，開啟光明自性。而道教對「燈」同時不遑多讓，沖煞犯歲需點太歲燈、祈福避災需點平安燈、新春點龍燈、元宵提燈籠，這些年來安財燈者更是如過江之鯽。

「財燈照光明」，源自主祀武財神趙光

私房經驗

之前由於辦公室沒有神龕，從金山財神廟迎了一座光明財燈擺在桌上，古典宮燈的造型，頗為雅緻，很像故宮的紙燈藝品，平日裡不管開不開燈，那盞小財燈總是亮著的，有時會讓我想起浙江奉化地區的「盤龍燈」的傳統民謠：「新年龍盤門，吃穿勿用愁；新年不見龍，全年窮跟人。」忍不住將其改為：「新年財燈照，吃穿有一套；新年財燈明，全年笑盈盈。」

（公）明的寺廟，台灣大部分的財神廟除了仍保有太歲燈、平安燈之外，目前大都有提供信眾安奉「財燈」，以祈事業財源廣進。而這些「財燈」造型不一，有些簡單的像一般的光明燈一樣，有些則有財神偶，另加上電子不斷電系統；價錢從一年五、六百元，到十年、百年數萬元的都有。

# 六、財神樂

　　所謂「財神音樂」並不是單指春節期間我們常聽的「財神到」、「迎財神」等歌曲，這幾年來的財神音樂發

展，其實相當廣泛，包括財神咒、梵唱、歌唱等，包括佛、道、藏都將法音改編成更貼近人性的樂音，舉凡唱誦、舞曲、清唱、心靈、獨奏、演奏、修行，均有各式各樣的版品可供選擇，而法音在結合神奇的音樂節奏與嗓音之後，也就更能令人心生喜說，愈加離貧得富之感。

　　所以，拜財神，除了應備的供祭品之外，焚香祝禱的同時，如果還能適時播誦財神樂音，個人相信不僅是人心靈的解放，更是有助神靈的釋放。

私房經驗

　　我有一大堆財神樂CD，通常一早拜神時總會先挑一片播放，然後才點香、奉茶...依序完成禮敬程序。而財神音樂的選擇從來不會因教派的不同而有所自我設限，也就是說雖然拜的是道教的五路財神，不過，我也播放藏傳的財神咒音樂、佛教的心經，甚至連齊豫的流行梵唱也照播不誤。俗話說：「音樂無國界」，財神音樂當然也就沒有神界了！

求財器

# 求財器之
# 有土有財

## 新創意、新創藝、新財器

「有土斯有財」，這句沿襲數千、數百年的俚語，總有它的道理。

老一輩的華人朝置產起家為第一目標，有了土，才踏實，有了土，才能拜土地公，有了土，才能萬丈高樓平地起，也才能謝天謝地。

就因為對「土」的執著，對「土」利益眾生的巧思，因此，史前文化之前最好的土是用來做「灶」的；彩陶文化則用最好的土來做器皿，從鍋碗瓢盆，走過五千年，現在最好的高嶺土則是供玩賞典藏的精緻陶瓷；從東方西進，歷經三千年，中國的陶瓷器因揉雜了神秘與神意而成了最佳的風水地理求財器，甚至連老外也瘋狂。

求財器之

# 有土有財

## 一、財庫足甕

你相信每個人都會歷經一六道因果輪迴嗎？你相信每一個人都有一個與生俱來的財庫嗎？若是相信；累積自己有形財與無形功德的財庫，於今生無憂來世無債、嘉惠萬代子孫，如何讓自己「財庫足旺」就是一生必修之功課了！

「財庫足甕」原本只是金山財神廟彌勒財神賜下的結緣品，配合該廟提倡儲蓄的美德，DIY自己的轉運錢概念，搭配財寶袋金絲線繡成富貴正氣，傳達財神給的招財納福訊息，寶袋隨身必得助力；三只財寶袋以天時、地利、人和配置形成無形之「金山角」保富磁場，讓護持『財庫足甕』的信眾得財神的庇佑後，運用財甕養成「保富善財」之好習性，再加上自己的努力上進，能得享萬代的福分。後來，由於甚受歡迎，另行開發更高級的「金足甕」，並有業者遂將「財庫足甕」進駐百貨公司精品專櫃，果然造成風潮。

我擁有一只珍貴的「財庫金足甕」，說珍貴倒不是價錢的關係，而是在鶯歌求財館善財金庫用一次八個聖筊「求」來的。其實，我並不常擲筊，一次擲八對竹筊，還是頭一遭。擲筊那晚，我仍清晰記得雙手微微顫抖的模樣，乞願、起筊，十六個竹筊落地，到數完筊雙手仍微顫不已，彷彿顫抖的波動仍停留至今，相當震撼。

不管是求來的或買來的「財庫足甕」、「財庫金足甕」，都必需過爐加持，並以金紙化火啟動才有神效，這個足甕通常我都是當做存錢筒，有事沒事丟些銅板，丟滿了就拿去銀行存，再存滿了，較不缺錢就拿回廟倒進功德箱，如此周而復始運用，已變成了一種習慣。

# 二、財神響杯

財神響杯吟，財神自然到。看不見財神爺，龍吟響杯可以讓你聽見財神的聲音！響杯緣自宋時一修道之人，夢見財神宴請其他眾神飲茶論道，所用之杯令眾神稱奇，原來杯內置水托住杯底座，手指沾水輕磨杯沿，即可發出響韻共鳴之音，人世間如能傳出此音，財神必循音而來，助人「心想事成，財源廣進」。

鶯歌燒的財神御用杯，杯身造型為反口碗式，八方高足底，古稱「把杯」亦稱「馬上杯」，源於隋唐時皇帝賜御酒給有功將領或預祝其凱旋歸來而得名。由於具有如冰似玉的粉青瓷感，宋徽宗時命專人職司監造遂成「官燒貢瓷」入朝廷御用珍藏。

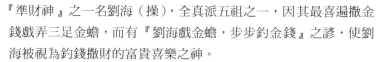

## 私房經驗

其實，磨響響杯要有一定的技巧。我就是欠缺那麼一點。再怎麼磨聲音總不宏亮。原以為是騙人的玩意兒，不料有一天，一位日本友人（真的長得一付富貴相）輕輕一磨，果然響徹雲霄，才讓我真正見識到響杯的真正功力。

也就在那天，大夥起鬨，既然東洋來的磨的如此這般響亮，也許真能招來財神，於是就集資買樂透，說也奇怪，平日辦公室很少集資中獎的，那天卻中了個四星，剛好宴請友人，也算是財神爺請客！

由於響杯響不響不代表財氣財運，純粹是觀賞與把玩價值，因此，有事沒事擺在辦公室的響杯，日本友人一、二年才來一次的情況下，我總讓進進出出的朋友們盡情小試身手，期待下次如果有人能再讓它響徹雲霄，也就有了集資買大樂透的藉口，或許還能再小賺一筆也說不定。

# 三、撒金元寶杯

如果你還在用普通小瓷杯或塑膠杯奉茶敬神，那肯定是落伍了。

撒金元寶杯是最正統的敬神奉茶杯，源自劉海撒金的傳說；民間傳說中『準財神』之一名劉海（操），全真派五祖之一，因其最喜遍撒金錢戲弄三足金蟾，而有『劉海戲金蟾，步步釣金錢』之諺，使劉海被視為釣錢撒財的富貴喜樂之神。

元寶杯除了敬神奉茶之用外，更可以自飲，甚至如果家中有供奉財神爺，也可以變成每天DIY的「招財水」，接財水飲錢水，為自己營造招財保富之最佳磁場。

撒金元寶杯分為兩種，一是喜樂之財神所用的金砂杯，源於宋時五大名窯之傳世名品「烏金盞」

由於酷愛財神，也蒐集了財神的相關東西，甚至連喝（老人）茶的茶杯也是元寶造型的撒金杯。朋友們來擺龍門陣，品茗論劍時，新加入者一拿到元寶杯，總會很驚奇、驚艷；驚奇的是不知如何喝起，問：「這從哪一邊喝？」也總有人這麼回答：「愛麼喝就那麼喝，隨意隨便啦！」而驚艷的是，他們對現代陶藝應用在茶藝上，而且還能引經據典串連財神故事，使這一只小小的撒金元寶杯裡，成了人與神之間最佳的加溫媒介。

以一千二百度高溫燒成，運用鐵的飽和產出金砂結晶，紅褐釉色中萬點金砂撒出一錠錠金碧輝煌的氣勢。二是梗金杯，源於宋時「會結晶花」的釉色，以一千二百六十度高溫燒成，金黃釉色中一段段的金黃稻草梗遍撒其上，就是財神賜福民間的豐收景象。

# 四、本命生肖加持杯

養生保健第一法則：多喝水。

個人量身訂做的專用杯在市面上愈來愈多，不過，多數人只是銘上姓名或簡單的圖騰，很少人會像我一樣，如此聰明的請業者加印一道財符，並銘上生肖，使個人專用陶杯，同時具有加持杯的作用。

可是這點小聰明現在已經不值錢了！市面上已有業者專為需要的消費者量身打造此類的陶杯，號稱因將「福祿聚財符」燒入杯中，可增無形招財聚財氣場，而茶水入杯中如接財水，茶水入口中如飲錢水，冥冥之中自有神佑。

# 五、玉石

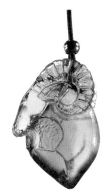

珠寶玉石一向是富者的最愛，也是財富的象徵。舉凡鑽石、翡翠、瑪瑙、雞血石、水晶、琉璃、紅寶石、夜明珠等，無不為收藏家所鍾情。而一般人「帶個小鑽，小賺一筆；帶個大鑽，準備大賺」、「玉避邪、石敢當」、「石來運轉」的移情作用，也充分說明珠寶玉石除了美觀之外，它所擁有的財富磁場確實深刻人心。

尤其，在藏傳佛教日益興盛的同時，近幾年來「天珠」更是被炒的沸沸揚揚，各式能量石、磁石，讓整個宗教藝品活絡不少。

## 私房經驗

我的專用「財杯」剛訂製的時候，頗為困難，價錢也高，原本還想把五路武財神像燒入，後來因做工太過細緻而作罷！

個人專屬的陶製「財杯」總能引起朋友的議論，有的說我愛「財」如癡（其實是愛「神」如癡），有的直覺說：「真的很神氣！」總之，一只單杯就能把玩良久，也不枉當初的小小創意、小小堅持了。

至於，是否曾因訂做的「財杯」而果真「錢龍引財」（個人生肖屬龍），我不知道，但平安喜樂卻是一定有的，誠如某個信用卡廣告詞所說的，「陶杯一個，二千元，國宴茶八兩，二千元」，平安喜樂，無價。」真的如人飲水，點滴在心。

下卷

求財器

## 私房經驗

由於常年已經習慣身無長物，除了當穿的衣物、當戴的眼鏡、皮帶、鞋子，我全身上下可說是「無一掛礙」。不過，說實在話，我雖不鍾情於玉石，但我仍相信玉石靈氣之磁場轉變。（石來運轉，我本姓「石」，對石之能量、石之天命頗有特別感觸。）

朋友曾送我諸多的水晶、天珠、或琉璃等，往往是在盛情難卻下收了下來，不過，束之高閣的多，偶而擺幾件在家做為觀賞之用，就是不習慣往身上戴。這可能是因為經常禮神拜廟的，所以，極少有想藉玉石祈財的慾求。

而如果您有藉玉石祈財的需要，我則會建議可以帶著小佩飾到大廟過爐加持，尤其是犯歲偏沖的人，更可以戴著本命生肖的飾物去過過爐，藉「正神」的力量求個心安、保個平安！這是很多朋友的有效經驗傳承，最神奇的是有個篤信佛教的朋友，偶而購買樂彩時，總會先將左手的鑽戒不斷用手磨亮，一邊磨一邊哈氣的，直到滿意為止，然後才去買彩券，左手付錢、左手拿券，總能中個三、四星以上，相當令人不可思議。這方法我曾試過，借別人的蜜臘「磨」（謀）財運，中過幾次小獎，雖不如朋友的好運，但也就心滿足了。如果，你有佩戴多年的小玉石飾品，或許不妨過爐後自行虔誠謀謀速財，但還是老話一句，「小賭怡情兼做公益」，可別傷了自身財氣！

帶個配飾總是好的！不管是項鍊鍊財、尾戒開運、玉鐲圓（元）環、水晶聚財...，有錢買買珠寶，有閒磨磨珠寶，總能安一些欲求富貴者的心。

另外，值得一提的是開運印章的運用，坊間甚為流行大師級的易經卦象刻法，或棺材型的印章寶盒，都可供有興趣的消費者參考。

# 六、招財盆栽

　　生命力旺盛的綠色植物，確實有製造氧氣、釋放芬多精的功能，在家裡擺盆栽除了賞心悅目之外，絕對有改善磁場的作用。這也是數千年來陽宅風水倚重的原理。

　　盆栽，在風水學上確實具有相當的地位。在防煞、招財上運用頗為廣泛。而目前市面上也有各式各樣的盆栽可供選購，除了一般最常見的「開運竹」之外，二〇〇四年開始，我更發現有諸多業者專為求財者設計生產相關的常青類盆栽，有流水盆、吉（桔）運盆、蟾蜍盆、元寶盆等，都受到相當程度的歡迎。

## 私房經驗

　　【私房經驗】我相當喜愛盆栽，受到「無竹令人俗」的影響，家裡、辦公室四處是開運竹、竹帛等小巧可愛的常青植物，在居家布置上具有畫龍點睛的效果。照顧盆栽通常是全家人的工作，加水、除蟲、清理周圍環境，務必保持應有的潔淨，是賞心悅目，也是招財祈富的基本動作。（記住：包括財神在內的每一尊神佛，都是愛乾淨的，所以，各個興盛的廟寺，神桌、供桌一定是每日勤拂拭，馬虎不得。）

　　而透過盆栽的整理，全家老小有了另一種上自然課的交集，我總相信在花草樹苗的科學裡，肯定蘊藏不少無法預知的玄學奧妙。

　　我家裡的盆栽較特殊的祈財法，是在盆栽底下方放置一個紅包或福袋，內藏硬幣後再以不滲水的塑膠套套著，防漏財可是神奇無比呢！

# 求財器之
# 財神金殿

## 保富金磁場　真的係金仔ㄟ

　　金：一直是炎黃子孫的最愛，也一直是財富的象徵，它是帝王官家的代表，更是現代富貴財氣的表徵。如果您多留意台灣各大廟的流行趨勢，您將會發現執事人員都以打造純金金身，來表示對神明的最高崇敬。而達到這個終極目標的廟宇，已有不少，例如大里慶雲宮有「金天公」（玉皇上帝）、鹿港天后宮、大甲鎮瀾宮有「金媽祖」（天上聖母），而四結福德廟則有「金土地公」。

　　金，不僅僅是帝王官家的奢華物，同時也受到古董藝品蒐藏家的青睞，由頂級高嶺土燒製的陶瓷，名家手工燒繪的金釉瓷器（THE GOLDEN BOWL），莫不是賞玩的保富財器，其收藏原因有三：一來官窯御用品本就上乘精緻且有管制數量（官窯器民間不得使用，王公諸侯需得御賜方得用之。）二為精緻的器物彰顯顯赫的出身，如能確實擁有定能沾染富貴之氣，助己於潛移默化間形成一身『招財保富』的正磁場。三、以之為贈與物，寓意貼切尊貴非凡。

求財器之

# 財神金殿

## 一、天生富貴金湯匙

　　古帝權時期，富貴始終被霸權的面紗遮蓋著，從餐具到日常器物擺設，極盡奢華璀璨，日常手工藝品的製作有專門職司的官吏監造的「官窯」，如民間偶有佳作冊立成「官燒貢瓷」，明令庶民百姓不得擁有使用，宋朝時有甚者更將顏色列入官家品視為「祕色」，庶民百姓不得用之，於是階級權貴代代世襲，一出生命運已定，貧賤富貴由不得己。

　　所幸，我們降生於現代社會，不再有權貴觀念作祟，只有夠能力，也能擁抱各式頂級名品。而官窯裡外一氣繪製的金釉瓷器，乍眼一看像是純金鑄造般，卻比純金含蓄深厚，因為只有帝王家能享用，似千足純金卻多了一份凜然的高貴質感。

　　引申：1.新的生命降臨於富貴之家，就會形容他是「啣著金湯匙出世」註定很好命的人。2.其乃帝王的餐具，天天得以捧著吃飯不是富貴永久享！

## 二、金飯碗

古帝權時期，是封建專制的時代，官窯還分一廠、二廠，官窯器民間不得用之、王公諸侯亦不得用之（此種做法至宋朝最甚，甚至整批不得使用隨帝王陪葬），帝王如有感竭盡忠誠的老臣，有功於朝廷社稷，為彰顯其功德且刻意嘉惠其子孫，才會御賜『金飯碗』等帝王的餐具。

而據我所了解，台灣陶瓷之鄉「鶯歌」，因為陶瓷發展是目前台灣雙B轎車密度最高的鄉鎮，這可能是拜俚語「土攪水，一元賺九角鬼」（台語）所賜，加上現代的製陶、描金等技術，鶯歌可以發現很多「金飯碗」，不但藝術價值高，甚至做為求財聚寶神器，也一定相當神氣！

# 後記——
# 發現台灣財神王

　　財神服務，彷彿是我的宿命！

　　拜很多廟，寫很多有關財神或財神廟的傳奇，自以為很專精了；沒想到一旦要集結成冊，卻總發現這也不足那也不足，不足之處也實在太多了。所以，套句別人常講的，本書如有疏漏之處，（也必定會有！）就只能祈請讀者見諒了。（可是，我這句話是真的，不是客套話喔！）

　　話說回來，不足，豈不是我輩拜神、拜廟者的通病。

　　我是因為時間的不足，所以原本計畫要等到去過杭州「天下第一財神廟」、東南亞、泰國等廟之後才截稿的，但總是忙得無暇出遠門，好不容易去了一趟香港就嘎然而止，只能找藉口：「唉，以後有的是機會」，來安慰自己、催眠自己了；也許是自我催眠久了，最後，甚至連台灣還有幾座廟也是一直想去的，迫於時間，也只能說「下回見了」！（只是不知道這藉口，能不能安慰或催眠得了您了！）

　　時間的不足，實在是我很大的致命傷，有幾個讀者，在看過《台灣101家財神廟》之後，幾乎每月來電催促：「你快再出書吧！別再拖了！人家懷胎只要十個月，等你的新書等一、二年，卻沒半個影…你倒底有沒有在寫啊？」，這些讀者，最令我感動的是即使我一直不斷地催眠他（她）們，他（她）們仍鍥而不

捨，每個月不停的照例「鞭策」我，還有的反而倒過來催眠我，將這本新書比喻成什麼「救世經典」般的求財聖經，非得要我得加緊腳步。（說這話，真的，是有點噁心耶！不過，我……還蠻愛聽的～我這才終於了解「神棍」的養成要件，就是把噁心的話當滋養的培養土！）

　　但我究竟是在忙啥？（我老婆也是用這種口氣問我的。）

　　其實，偷偷告訴您，我是忙著在蓋廟啦！（天啊，終於真相大白了，你快轉型變廟公，或者直接變神棍啦！你現在一定會有這樣的反應，對不？！）

　　別誤會啦，所以，我才說要偷偷告訴你嘛！

　　我是在蓋一座網站啦！

　　就是因為拜廟拜多了，時間常常不足，所以才想說要蓋座網路廟嘛！

　　我總認為：宗教其實除了更輕鬆，也可以更方便一些。而一座二十四小時可以隨時求財、拜拜的網路廟，是現代人所必需的。

　　只是這座想像中兼具「神威無限、網路上線」功能的網路廟，要如何蓋才能取信於信眾，並符合信眾大德的功能需要？又

要秉承本人「信‧自信‧不迷信」、「路‧網路‧求財路」的財神信仰，這可需謹慎思考了。

　　人，因為不足，想求滿足，所以，才需要宗教無形的慰藉；因此，一般人拜廟要實體，有香、有供品，看得到神像，才會有安全感！

　　所以，我執行的網路廟，並不是單純的虛擬宮廟，而是結合金山財神廟的實體與即時視訊等操作模式，架構台灣第一個能拜、能信、能求的財神平台，未來並擬結合其他大廟（**有公信力，有管理委員會的公廟**），做進一步發展。

　　現在你終於知道了哦，是這座超想像的網路廟，讓我搞得七葷八素，時間不足的；不過，我要聲明的是，雖然時間不足，也常常節衣縮食、資金不足，但奇怪的是內心卻是滿足的！

　　現在，你一定想知道這座廟在哪裡？

　　還是偷偷告訴你吧，網址：www.godbank.com.tw，祂，叫做「台灣財神王」。是金山財神廟董事長鄭楠興、總幹事謝文忠和我想製造的一個財神驚嘆號！

　　一個可以讓您感受神奇、享受神氣的驚嘆號！

石二月

# 招財緣 納福氣 歡喜來結緣

財庫財庫，有財不一定保證永遠富足，有財也要有庫來收納，方能集聚財氣作最大的發揮，達到不僅是蓄財，更積極的招財、進財！

一套兼具傳統之美及創新需求的求財開運品項問世了！「留福住」「貴金發」就是您的財庫，財庫裡已為您搜羅了各項求財利器，開運法寶，入寶庫豈能空手而回？

## 【財籤】 誠，則靈 精美求籤組

財籤係根據明代《正統道藏》中的《四聖真君神籤》所輯錄而成，是玄武真君諭示的傳世之作，財籤包含籤筒（附49支籤）及財籤寶鑑一本，個人疑難可從中得到詳解，更是樂透投注絕佳參考。

售價：**1200**元/組（高22.5X直徑8.5cm）

## 【招財扇】 風生好運來

招財扇正面恭請精通五術之得道大師開光書繪「五路元帥靈符」、「如意榮貴靈符」、「旺財納福靈符」、「興家旺運大吉祥靈符」、「家運興隆靈符」、「大吉大利大旺靈符」和「生意事業成功符」等七張招財納福咒符，常搖此扇可庇賜納吉添慶、五方會財等靈感神功，殊為奇妙。

售價：**300**元/組（展開／寬22X骨30cm）

## 【金葫蘆】 濟公的濟世法器

葫蘆是濟公用以行道濟世的法器，涵納天地祥瑞，施灑法露，亦與「福祿」諧音，是以成為降瑞、接福的吉祥擺飾。

底座顏色：金色/黑色

售價：**1400**元/個（長10.5X寬10.5X高20.5cm）

## 【金身土地公】

### 福德臨門財源廣進

活靈活現、表情生動的土地公塑像，以鍍金包覆，更凸顯土地公代表地方父母官的尊崇地位和親民形象。只要您積德養福，金身土地公就會保佑您增福緣，平安如意又開運。

售價：**300**元/尊（長5.5X寬5.5X高7cm）

## 【五路財神】

### 招財進寶納珍利市 正財偏財五方進財

金黃富貴的【五路財神】，擺設生意場所或居家財位的最佳求財吉祥物，能廣招五方財。正財方面庇佑生意事業興隆旺盛，偏財方面更可帶給你神奇感應，助你旺財氣，樂透了！

售價：**700**元/個（長31X寬10X高6.5cm）